Ida Maria Lipsius

Ludwig van Beethoven

Biographische Skizze

Ida Maria Lipsius

Ludwig van Beethoven
Biographische Skizze

ISBN/EAN: 9783743391567

Hergestellt in Europa, USA, Kanada, Australien, Japan

Cover: Foto ©Thomas Meinert / pixelio.de

Weitere Bücher finden Sie auf **www.hansebooks.com**

LUDWIG VAN BEETHOVEN.

Ludwig van Beethoven.

Biographische Skizze

von

La Mara.

Mit einem Portrait Beethoven's
nach einer noch nicht veröffentlichten Handzeichnung.

Leipzig, 1870.
Verlag von Herm. Weißbach.

Wie uns Musik der Inbegriff allen Wohlklangs, so ist uns der Name Beethoven der Inbegriff von Musik. Was die Tonkunst Jahrhunderte vor ihm hervorgebracht, ist ein Hinstreben zu ihm, was sie nach ihm erzeugt, ein Hervorgehen aus ihm. Zu höchsten Höhen hat er sie emporgeführt, der Vollender der erhabensten Formen, die das Gebiet der Töne umfaßt. Die kirchliche und die dramatische, die Orchester-, die Kammer- und die Vocalmusik haben keine edleren Schöpfungen aufzuweisen, als die, mit denen sein Genius sie beschenkt. Noch keinem Sterblichen ward es gegeben, in erschütternderer Sprache zu unserm Herzen zu reden, Keinem, von Freude und Schmerz in verklärteren Hymnen zu singen; Keinem, hinabsteigend in die tiefsten Tiefen der Menschenbrust, die unaussprechlichsten Geheimnisse derselben, ihr heiligstes Empfinden also zu offenbaren. Wo auch begegnen wir einem gigantischeren Künstlertagewerk als dem seinen, dessen Titanengestalt den Olymp der Kunst heute wie jemals beherrscht? So große Namen auch die Geschichte der Tonkunst vor und nach ihm nennt, es ist keiner unter ihnen allen, der hinanreichte an seinen Glanz, seine Hoheit; keiner, der sich nicht demuthsvoll neigen müßte vor seiner Universalität. So Herrliches uns auch die unsterblichen Händel und Bach, Gluck und Haydn verliehen, Natur und Verhältnisse wiesen ihrer Jeden doch in bestimmte Schranken, Neigung und Begabung ließ Jeden nur in bestimmter Richtung Vollkommenes erzeugen. Beethoven aber umfaßte, wie gleich ihm nur Mozart, das All der Töne; er gab in jeder Richtung Vollkommenstes, Vollkommneres auch als Jener, weil sein Geist gewaltiger, tiefsinniger angelegt, seine Seele mehr als diese erfüllt war von heiligem Ernst, erhabenem Kampfesmuth und weltverachtender Resignation, die ihn nur Künstler sein und seines Menschseins vergessen ließ. So Hohes hat er vollbracht, so göttlicher Art war seine Sendung, so leuchtend sein Prophetenthum: durch Dunkel und Dornen aber hat ihn dennoch sein Wandel hienieden hindurchgeführt, und auch an ihm, dem Herrlichsten, hat sich der tragische Zwiespalt erfüllt, der nun einmal das unausbleibliche Loos derer zu sein scheint, die uns ihr Bestes, Licht und Segen, bringen. Ein Held und König im Reiche der Kunst, Millionen zur Freude geboren, ist er gleichwohl als Mensch einsam und freudenleer über die Erde gegangen, hat er unter Kampf und Schmerzen seine irdische Laufbahn vollendet. Vergebens schauen wir uns im Kreise unsrer großen Meister nach Einem um, dem die Vorsehung das Maß der Leiden reichlicher zugemessen, denn ihm, nach Einem, der

es gründlicher denn er erschöpft hätte. Keine verwandte
Seele hat sich der seinen angeschmiegt, und versagt blieb
ihm das Glück der Liebe und ebenbürtiger Freundschaft,
versagt selbst der arme Trost äußerer Güter, wie sie das
Leben schmücken. Selbst das, was Andern zur Befreiung
und Erlösung, zum lauteren Segensquell wird: das Glück
des Schaffens ward ihm vergällt durch jenes tragische
Geschick, das ihn, den überschwänglich Tönereichen, zugleich
zum Bettlerfremdling im Reich der Töne machte. Daß er
das Göttliche, was er uns geoffenbart, niemals mit seinem
eigenen Ohr vernommen, daß er sich begnügen mußte mit
dem stummen Tonspiel seiner Phantasie: das ist's, was
seine Gestalt, die heroischste, zugleich zur tragischsten macht,
welche die Tonkunst kennt. Denn ob auch der Genius in ihm
triumphirte über die dunkle Gewalt der Lebensmächte, und
dem Kampfe mit ihnen gerade seine glorreichsten Thaten
abgewann, das Bild seines äußeren Seins und Lebens-
ganges wird den Beschauer darum nicht minder zu herber
Klage und tiefinnerstem Mitgefühl stimmen.

Den Geburtstag Ludwig van Beethoven's finden wir
nirgendwo aufgezeichnet; erwiesen ist nur, daß er am 17.
December des Jahres 1770 die Taufe empfing. Obwohl
einer niederländischen Familie entstammend, stand seine
Wiege doch in Bonn, am deutschen Strom. Sein Groß-
vater, mit dessen Namen Ludwig zugleich die in der
Familie erbliche musikalische Begabung auf ihn über-

gegangen, hatte, noch jung an Jahren, seine und der Seinen Heimat, Antwerpen, verlassen und sich am Rheine angesiedelt, woselbst er das Amt eines kurfürstlich kölnischen Capellmeisters bekleidete. Auch dessen Sohn, Johann van Beethoven, der Vater des großen Ludwig, war, wie viele seiner Vorfahren, Musiker seines Zeichens; auch er stand, und zwar als Hoftenorist, in Diensten des geistlichen Fürsten, der zu jener Zeit zu Bonn residirte. Das dürftige Einkommen, das er in dieser Eigenschaft genoß — es betrug nicht mehr als 200 Reichsthaler jährlich — bedingte von Anbeginn eine um so größere Einschränkung seines Haushaltes, als auch seine Frau, Maria Magdalena Laym, geborne Keverich aus Ehrenbreitstein, die er als junge Wittwe heimgeführt, bescheidenen Verhältnissen entstammte. Während uns diese aber, ob der Vorzüge ihres Herzens und sanften Wesens, allseitig gerühmt wird, schildern ihn seine Zeitgenossen wohl als „guten Musiker," aber als „geistig und sittlich wenig ausgezeichnet" und überdem mit dem Laster der Trunksucht behaftet, das ihm von seiner Mutter überkommen war. Hatte die Letztgenannte dieser unseligen Leidenschaft in einer Weise gefröhnt, die sie ihre häuslichen und mütterlichen Pflichten gänzlich verabsäumen und schließlich in ein Kloster gesperrt enden ließ, so war auch bei ihrem Sohn, völlige Zerrüttung seines Wohlstandes die unausbleibliche Folge.

So kam es, daß nach dem Tode des alten, allgemein

geachteten Capellmeisters, an dem sein vierjähriger Enkel
schon mit inniger Liebe hing, Noth und Bedrängniß immer
gebieterischer Einkehr hielten im Hause des Sängers. Außer
Stande, der wachsenden Verkommenheit seiner Lage aus
eigner Kraft zu steuern, mußte es ihm um so willkommener
sein, in seinem Sohn Ludwig schon in frühester Jugend
die unzweideutigen Spuren eines auffallenden Talentes
wahrzunehmen. Eigennützig beschloß er, dasselbe für seine
Zwecke auszubeuten.

Beethoven selbst hat es ausgesprochen, wie „mit seinem vierten Jahre die Musik die erste seiner jugendlichen
Beschäftigungen zu werden begann," und Schlosser, der
früheste, wenn auch nicht immer zuverlässige Biograph des
Meisters, erzählt, es sei des vierjährigen Knaben größtes
Vergnügen gewesen, dem Vater zuzuhören, wenn er sich zu
einem Vortrag am Clavier vorbereitete. „Er eilte dann
von seinen Gespielen weg, hörte unter Freudenbezeugungen
zu, und bat den Vater immer noch länger fortzufahren,
wenn er endigen wollte. Die höchste Lust wurde ihm aber
gewährt, wenn ihn der Vater auf den Schooß nahm und
durch seine kleinen Finger den Gesang eines Liedes auf
dem Clavier begleiten ließ. Bald begann der Knabe, eine
Wiederholung dieses Spiels allein zu versuchen, und dieses
glückte ihm im Anfange des fünften Jahres so gut, daß
nun auf ernstlichen Unterricht gedacht werden mußte." So
begann er erst spielend das Clavier- und Geigenspiel unter

Leitung des Vaters. So lange es eben beim Spiel blieb, gefiel es dem Knaben gar wohl; bald aber sollte sich der Scherz in bittern Ernst verwandeln. Als mit der Geburt zweier Söhne, Carl und Johannes, die väterlichen Sorgen sich mehrten, strebte der Vater schneller zum Ziele zu kommen, um, nach dem Vorbild Mozart's, seinen Sohn als Wunderkind der Welt zu präsentiren. Mit Härte und Strenge, unter Schelten und Schlägen trieb er nun den Knaben vom Spiel der Gefährten hinweg zu seinen Aufgaben, die er oft unter hellen Thränen lernte. Erfolglos blieben die Versuche der Freunde und der sanften Mutter, ihn zu größerer Milde gegen sein Kind zu bewegen. Er beharrte bei seinem rauhen System, indeß die nur zu empfindliche Kindesseele sich mehr und mehr in sich selbst zurückzog bei der unsanften Berührung, und sich nach außen hin verschloß, um jene früh empfangenen, gewaltsamen Eindrücke in unverwischbaren Spuren ein ganzes Leben hindurch an sich zu tragen.

Seinen Zwecken freilich brachte ihn ein solches Verfahren augenscheinlich näher. Die zunehmende Fertigkeit des kleinen Ludwig erregte das Staunen seiner Umgebung, und seiner Vaterstadt galt er in der That bald als Wunderkind. Bereits in seinem neunten Jahre wußte er Compositionen Haydn's, Mozart's und Clementi's auf einem alten Federflügel sehr gut vorzutragen. Allmälig drängte sich inzwischen Johann van Beethoven die Erkenntniß auf, daß

sein talentvoller Sohn zur weiteren Schulung einer ent-
sprechenderen Lehrkraft bedürfe, als der seinen, und so
gewann er, da ein anderer Lehrer seinen Mitteln unerreich-
bar blieb, den Tenoristen Pfeiffer für den Unterricht desselben. Dieser wird als „höchst genial" und „ein trefflicher
Künstler" bezeichnet, und gewiß ist, daß sein Schüler ihm
Manches, wenn auch nicht „das Meiste" verdankt, wie
Wegeler will. Daß Beethoven ihm wenigstens auch in der
Folge dankbar geblieben, bezeugt, daß er ihn, als er im Alter
in Dürftigkeit kam, durch eine Geldsendung unterstützte.
Nach Pfeiffer's Weggange von Bonn übernahm der Hoforganist van den Eeden die Leitung Ludwig's und zwar
zuerst unentgeltlich. Später mußte er, auf besonderen
Befehl des musikliebenden Kurfürsten Maximilian Friedrich,
der sich für den genialen Knaben interessirte und sich öfters
von ihm vorspielen ließ, ihm täglich eine Lehrstunde erthei-
len, und neben dem Clavier- zugleich im Orgelspiel unter-
weisen. In noch fürsorglichere Hände aber ging Ludwig's
musikalische Erziehung nach Eeden's Tode über, indem dessen
Nachfolger, der bisherige Musikdirektor des kurfürstlichen
Theaters, Hoforganist Neefe, den allerhöchsten Auftrag
empfing „die Ausbildung des Knaben sich zu einer besonderen Angelegenheit zu machen"; eine Aufgabe, der sich
dieser, im Hinblick auf die Begabung seines Schülers, mit
Freuden unterzog.

Mit ihm ward der hervorragendste Musiker der Stadt,

der sich als Componist und trefflicher Orgel=, Clavier= und
Violinspieler allgemeinster Anerkennung erfreute und von
einer ebenso tief wissenschaftlichen, als allgemein mensch=
lichen Bildung unterstützt wurde, Ludwig's Lehrer. Seines
Zöglings technische Fertigkeit, vornehmlich mit Hülfe von
Bach's wohltemporirtem Clavier, emsig fördernd, führte er
ihn auch in die Geheimnisse des Generalbasses und der
Compositionslehre ein, und wenn auch ein von Seyfried
mitgetheiltes Autograph Beethoven's die selbstbewußten
Worte enthält: „Ich brauchte wegen mir selbst beinahe
dieses nie zu lernen, ich hatte von Kindheit an ein solch
zartes Gefühl, daß ich es ausübte, ohne zu wissen, daß es
so sein müsse oder anders sein könne," so bekundet doch
andrerseits ein von Wien datirter Brief an seinen Lehrer
die dankbare Erkenntlichkeit, die ihm die Worte diktirte:
„Ich danke Ihnen für Ihren Rath, den Sie mir sehr oft
bei dem Weiterkommen in meiner göttlichen Kunst ertheil=
ten. Werde ich einst ein großer Mann, so haben auch Sie
Theil daran."

Ein durch Thayer (Beethoven's neuesten Biographen)
laut gewordenes, wiewohl unverbürgtes Gerücht läßt den
Knaben, von seinen Eltern begleitet, zwischen 1781 und 82
eine Reise nach Holland unternommen haben, die ihm ob
seiner Spielfertigkeit allgemeine Bewunderung, Jenen aber
„werthvolle Geschenke" eingetragen habe. Genugsam be=
zeichnend für seine Fortschritte unter Neefe's Leitung schon

ist, was derselbe Forscher uns zuerst nachgewiesen, daß dieser ihn bereits im Alter von $11\frac{1}{2}$ Jahren, gelegentlich seiner längeren Abwesenheit von Bonn, zu seinem Vicar im Orgeldienst erwählte.

Als Resultat der Compositionsstudien seines Schülers veröffentlichte Neefe 1783 „zur Ermunterung" desselben neun Variationen über einen Marsch, denen bald drei Claviersonaten, ein Rondo und einige Lieder folgten; auch die als op. 33 herausgegebenen Bagatellen, drei Quartetten, Präludien für Clavier und ein Trio gehören ihrem Ursprung noch in jene und die nächstfolgende Zeit. Die Sonaten sind seinem hohen Protector, dem Kurfürsten, gewidmet und stehen an Bedeutung den gleichzeitigen Erzeugnissen ihres jugendlichen Schöpfers entschieden voran. Nicht nur, daß in ihnen schon eigene Ideen Gestalt gewinnen; — bei einem Genie wie Beethoven möchte uns das kaum Wunder nehmen — mehr noch überrascht uns die Sicherheit der Formbeherrschung, die Klarheit und Ebenmäßigkeit, mit der die Gedanken zur Erscheinung kommen: ein Verdienst, das freilich wol in erster Linie auf Neefe's kundige Leitung zurückzuführen ist. Hören wir doch der „hohen Excentricität" und Originalität des Kunstjüngers zu nachdrücklich Erwähnung thun, als daß wir eine derartige Entwickelung seines Formensinns lediglich als natürliche Gabe voraussetzen dürften.

Von der früh ausgebildeten Eigenart seines Wesens

wird uns durch die Feder seiner Freunde, unter denen
die vornehmste Stelle Wegeler gebührt, Mancherlei berichtet.
Still, in sich gekehrt, trotzig, stolz und ungefüg, war schon
der Charakter des Kindes nicht das, was man liebenswerth
nennt. Wie seiner Jugend eben der Sonnenschein gemangelt,
so entbehrte auch sein Wesen der sonnigen Eigenschaften,
die berufen sind, Licht und Heiterkeit um sich her zu ver-
breiten. In ihrem Keime ertödtet durch die Härte des
Vaters und die trübseligen Verhältnisse des Hauses ward
der Frohmuth und die kindliche Unbefangenheit seiner
Natur, und mit Bitterkeit und Menschenverachtung füllte
sich das junge Herz. Selbst seiner milden, sanften Mutter,
an der er voll Zärtlichkeit hing, gebrach zugleich mit dem
Fundament tieferer Geistesbildung die Macht, die finsteren
Eindrücke aus seiner Seele zu bannen und ihn mit den
Widerwärtigkeiten seiner Umgebung zu versöhnen. So
fand sich Beethoven schon in erster Jugendfrühe darauf
angewiesen, in der eignen Innenwelt Ersatz zu suchen für
das, was ihm die Außenwelt versagte, und sich in seiner
Phantasie ein luftig Reich zu bauen, das nichts wußte von
den beengenden Fesseln und Kümmernissen seines äußeren
Daseins. Schon der Knabe gewöhnte sich an das, wozu
den Mann die harte Noth des Schicksals zwang: sich mehr
in sich hineinzuleben und mit den Gestalten seiner Träume
zu verkehren, mehr als mit den lebendigen Menschen um
ihn her.

Wol völlig vereinsamt wäre er solchergestalt schon in einem Alter, das gemeinhin die Zeit des Anschlusses von Herz zu Herzen, die Periode der keimenden Freundschaften, des sich entwickelnden Empfindungslebens zu sein pflegt, hätte sich ihm nicht die Thür eines Hauses gastlich aufgethan, darin sich ihm eine seinen Bedürfnissen angemessenere zweite Heimat erschloß.

Frau von Breuning, eine ebenso hochgebildete als hochangesehene Frau, die Wittwe eines kurcölnischen Hofraths, war es, die ihm im Schooß ihrer Familie die liebe- und verständnißvollste Aufnahme bereitete. Durch gleichen Reichthum des Geistes wie des Herzens ausgezeichnet, gelang es ihr, einen mächtigen Einfluß auf den sonst nicht eben leicht zugänglichen Kunstjünger zu gewinnen und seinen wenig lenksamen Sinn mit sanfter Hand zu leiten. Was die mangelhafte, lediglich auf seine musikalische Vervollkommnung gerichtete Erziehung im Elternhause an ihm gefehlt, das suchte sie mit feinem Takte auszugleichen, indem sie ihn, gemeinsam mit ihren vier, ihm im Alter nahestehenden Kindern, die Vortheile einer höhern Bildung angedeihen ließ. Von systematischem Verfahren freilich war Beethoven niemals ein Freund. Wie ihm die Pflichten eines Lehrers schon zu Anbeginn schwer, späterhin aber geradezu unerträglich waren, so suchte er sich auch seine Kenntnisse mehr in genialisch regelloser, denn in schulgerechter Weise anzueignen. Zur fertigen Erlernung einer

Sprache z. B. hat er es nie gebracht. Wir wissen, daß er zur Composition seiner ersten Messe der Unterlage einer wörtlichen Uebertragung und der Vorzeichnung des Sylben= maßes und Accentes bedurfte. Von der einseitigen Aus= bildung der Musiker seiner Zeit aber war er gleichwohl weit entfernt. Seine Vorliebe für die vaterländischen und englischen Dichter, für die Werke der Alten, von denen er namentlich Homer, Plato und Plutarch in Uebersetzungen las, für Geschichte und Politik hatte seinen Gesichtskreis weit über den Horizont seiner zeitgenössischen Kunstbrüder hinaus erweitert und geklärt, und zwar waren es unter den einheimischen Poeten vor allem ein Klopstock, Göthe und Schiller und später auch Matthison, denen sich seine Seele am verwandtesten zuneigte. Des Erstgenannten insbesondere gedachte er (wie Rochlitz erzählt) noch spät, als des Lieblings seiner Jugend. „Ich habe mich Jahre lang mit ihm getragen, wenn ich spazieren ging und sonst. Ei nun, verstanden hab ich ihn freilich nicht überall. Er springt so herum; er fängt auch immer gar zu weit von oben herunter an; immer Maestoso! Des dur! Nicht? Aber er ist doch groß und hebt die Seele. Wo ich ihn nicht ver= stand, da rieth ich doch." „Er hat den Klopstock bei mir todt gemacht", fügt er freilich im Gedanken an Göthe hinzu, und in der That, nur zu begreiflich scheint es, wenn die Ueberschwäng= lichkeit und Gefühlsseligkeit des Ersteren dem dunklen Drang seiner Jugend näher stand, als seiner reifen Meisterschaft.

Die natürliche Neigung des Knaben zur Poesie ward befestigt und ausgebildet durch die Gunst der Umstände, die ihm einerseits in Neefe einen vielseitig gebildeten Lehrer, andererseits aber, durch die treffliche, vom Kurfürsten subventionirte Großmann'sche Schauspielergesellschaft, die Gelegenheit zuführte, die besten dramatischen Erzeugnisse der Neuzeit vermittels lebendiger Anschauung kennen zu lernen. Das Verdienst jedoch, ihn zuerst mit den Schätzen deutscher Literatur und den Werken der zu jener Zeit großgewordenen und großwerdenden Dichter bekannt gemacht zu haben, gebührt in erster Linie Frau von Breuning. Selbst noch in der Blüte der Jahre stehend, war diese seltene Frau sorglich bemüht, die Jugend ihrer Kinder in edelster Weise zu schmücken und zu verschönen, und während sie sie allem harmlosen Genuß ihres Alters bereitwillig offen hielt, zugleich die Lust am Lernen und Streben, an ernster Geistes- und Kunstübung in ihnen zu wecken und zu pflegen. So wuchsen in ihnen, deren zwei gleichzeitig seine musikalischen Zöglinge waren, die Genossen Ludwig van Beethoven's heran, mit denen vereint er den größten Theil des Tages, oft selbst die Nächte zubrachte; ja sogar die Reisen der Familie durfte er nicht selten theilen. Vorzugsweise an Eleonore und Stephan von Breuning schloß er sich mit Innigkeit an, und bis an sein Lebensende blieb er zu ihnen und dem späteren Gemahl der Ersteren, seinem Freund und Biographen Wegeler, in nahen Beziehungen. In ihrer Mitte verlebte er seine wolkenlosesten Jugendtage, und was seinem Leben überhaupt an Sonnenschein verliehen, das concentrirt sich zum nicht geringsten Theile auf die Freuden, die ihm die Freundschaft dieses Hauses bot. Selbst die ersten Regungen der Liebe, die sein Herz für eine junge Cölnerin, Jeannette d'Honrath, erfüllten, entkeimten diesem befreundeten Boden. Zwar das Glück der Erwiderung blieb seinen jugendlichen Empfindungen vorenthalten; aber sie riefen doch ein neues, unbekanntes Leben, eine ihm bisher fremde Quelle von Lust und Leid ohne Ende in ihm wach, dessen Stern es nun einmal fügte, daß er frühzeitig die schwere Kunst der Entsagung üben mußte. Auch die Wohlthat edler Sitte und feinerer Lebensführung ward ihm hier zuerst fühlbar, wo der Wohlstand der Familie jene äußere Behaglichkeit erzeugte, welche der Pflege von Kunst und Wissenschaft so glücklich zu Statten kommt, und wenn er sich selber auch mit der dem Künstler häufig gewährten Freiheit, der geselligen Rücksichten und Formen meist leichthin entschlug, so erstarkte doch unter dem Einfluß solch edler Sitte das ihm eingeborne strenge Sittlichkeitsgefühl, das ihn siegreich machte gegen alle Versuchungen des Lebens und ihm jene hohe Keuschheit des Empfindens verlieh, die seine große Seele zierte.

Erwies sich die Einwirkung des Breuning'schen Hauses namentlich für die Entwickelung seines Wesens und Charakters förderlich, insofern sie sein Gemüth freundlicher

und zugänglicher stimmte und seine bis dahin wenig freuden-
gesegnete Jugend mit lächelnderen Bildern von Frohsinn
und Heiterkeit füllte, so erwarben sich seine musikalischen
Leistungen auch die Gönnerschaft eines Mannes, der die
Veranlassung zu einer entscheidenden Wendung seines
Lebens ward und seinen künstlerischen Kräften zu ihren
letzten Weihen verhalf. Als nämlich Kurfürst Max Friedrich,
nachdem er kurz zuvor Beethoven's Eintritt in das schon
zeitweise verwaltete Amt eines zweiten Hoforganisten geneh-
migt, im April 1784 das Zeitliche segnete, trat der jüngste
Sohn und Liebling Maria Theresia's, Maximilian Franz
von Oesterreich, in die erzbischöfliche Würde der cölnischen
Lande ein. Ihm, unter dessen Scepter dieselben ihr gol-
denstes Zeitalter sahen, dem sie die Eröffnung der Bonner
Universität, einen erneuten Aufschwung von Kunst und
Wissenschaft dankten, war auch sein Freund und bevorzugter
Gefährte, Graf Waldstein, nach der rheinischen Residenz
gefolgt, die nun zu einem Hauptsitz höfischer Sitte und
Geistescultur emporblühte. Was dem jungen, von Regie-
rungsgeschäften anfänglich überhäuften Kurfürsten entging,
das blieb dem sichern Blick seines welt- und kunsterfahrenen
Günstlings nicht verborgen: er ward auf den vierzehn-
jährigen Ludwig van Beethoven aufmerksam, und ließ sich
die energische Beförderung des jugendlichen Genius eifrig
angelegen sein. Nicht nur, daß er, durch immer erneute
Anregung zum Variiren und Durchführen gegebener The-

men aus dem Stegreif, zur rascheren Entfaltung desselben
Wesentliches beitrug: auch der Bedrängniß seiner äußeren
Lage kam er durch häufige Unterstützungen zu Hülfe, die
er, mit feiner Schonung des künstlerischen Zartgefühls,
ihm unter dem Schein kurfürstlicher Gaben zukommen ließ.
Während Thayer, im Widerspruch zu allen andern Bio=
graphen unsres Meisters, die Bekanntschaft Beethoven's mit
Waldstein und der Familie von Breuning erst in das Jahr
1787, also erst nach der ersten Wiener Reise, setzt und die
Zuverlässigkeit des bisherigen Fundamentes aller biogra=
phischen Forschungen, die Notizen von Wegeler und Ries,
damit anzweifelt, bezeichnen die letzteren geradezu Beet=
hovens Ernennung zum Hoforganisten als „des Grafen
Werk." Gewiß ist, daß das Einkommen als solcher ihm
und den Seinen, deren Unterhalt ihm wenigstens theilweise
oblag, eine sorgenfreiere Existenz sicherte. Unbequeme
Verpflichtungen legte ihm dies Amt in keinerlei Weise auf;
auch für seine Thätigkeit als Lehrer, wie als Cembalist und
später noch als Bratschist in der kurfürstlichen Capelle, ließ
es ihm hinreichende Muße.

Hatte Neefe schon im Jahre 1783 bezüglich seines
Schülers den Wunsch ausgesprochen, daß das junge Genie
reisen könne, so erwachte in diesem selbst immer lebendiger
das Verlangen, in eigener Person dem Born der Tonkunst
zu nahen, der lautrer denn irgendwo zu jener Zeit in Wien, der
geweihten Schaffensstätte eines Gluck, Haydn und Mozart,

strömte. Hinaus aus der Enge der ihn umgebenden Dinge,
aus dem Jammer und Druck seines häuslichen Lebens
sehnte sich seine Seele, nach Luft, Licht und Freiheit, nach
Vollendung seiner Künstlerschaft und Bezeugung derselben
auf einem weiteren Schauplatz, angesichts der Allergrößesten
seiner Kunst. Und wieder soll es nach Wegeler Graf
Waldstein gewesen sein, dessen Vermittelung ihm den Weg
dazu bahnte und seine Wünsche ihrem Ziel entgegenführte.
Mit den Empfehlungen des Kurfürsten an Joseph, seinen
kaiserlichen Bruder, und Mozart, seinen einstigen Gespielen und unvergessenen Liebling, ausgestattet, trat Beethoven im Frühjahr 1787 die Reise nach Wien, den ersten
weiteren Ausflug in die Welt, an. Von dem Verlauf derselben können uns die Biographen des Meisters, wie Lenz,
Marx, Nohl nur Kurzes berichten. Wir erfahren wenig mehr,
als daß schon nach kurzen Wochen häusliches Leid ihn
wieder heimberief, hinweg aus einer Umgebung, die, trotz
manchem seiner Individualität Widerstrebenden, ihn dergestalt fesselte, daß er sie später zu seiner zweiten Heimat
wählte. Nun kehrte er zurück, der kranken Mutter zu Liebe,
die kurz darauf ganz von ihm genommen werden sollte.
Am 17. Juli 1787 verlor er sie, nach seinen eigenen Worten „die zärtlichste Mutter und die beste Freundin." „O!"
so schreibt er zwei Monate später einem Augsburger Freund,
„O! wer war glücklicher als ich, da ich noch den süßen
Namen Mutter aussprechen konnte, und er wurde gehört,

und wem kann ich ihn jetzt sagen? den stummen ihr ähn=
lichen Bildern, die mir meine Einbildungskraft zusammen=
setzt?" „Das Schicksal hier in Bonn ist mir nicht günstig,"
fügt er hinzu, und in der That häufte sich das Maß seines
häuslichen Elendes mehr und mehr. Durch die lange
Krankheit der Mutter und den ungeordneten Lebenswandel
des Vaters war die Familie in immer größere Armuth und
eine peinliche Schuldenlast gerathen, die sogar den hülf=
reichen Beistand der Freunde nöthig machte. Besonders
der Musikdirektor Franz Ries, seit langem ein Freund und
Beschützer Ludwigs, nahm sich der Seinen thätig an, und
in so dankbarem Herzen bewahrte dieser die Erinnerung
daran, daß, als dreizehn Jahre später Ferdinand Ries, der
Sohn von Jenem, musikalischer Studien halber nach Wien
kam, der inzwischen hochberühmt gewordene Meister ihn
das vielbeneidete Vorrecht seines einzigen Schülers Jahre=
lang genießen ließ.

Im Uebrigen lag die Sorge für den Haushalt der
Familie fast allein auf Ludwigs jungen Schultern, und
keinen gewöhnlichen Grad von Willensstärke fürwahr bezeugt
es, wenn er — und zwar mit Hülfe des ihm so wider=
wärtigen zahlreichen Lectionenertheilens — solchen Anfor=
derungen gerecht zu werden vermochte. Auch die Erziehung
seiner beiden jüngeren Brüder fiel bei der überhandneh=
menden physischen und moralischen Versunkenheit des Vaters
vorzugsweise ihm anheim. So glauben wir's ihm gern,

wenn er schreibt: „So lange ich hier bin, habe ich noch
wenig vergnügte Stunden genossen." Gleichzeitig wird
schon damals, inmitten der Vollkraft der Jugend, die erste
Klage über körperliches Uebelbefinden bei ihm laut. „Die
ganze Zeit hindurch bin ich mit der Engbrüstigkeit behaftet
gewesen, und ich muß fürchten, daß gar eine Schwindsucht
daraus entstehet; dazu kommt noch Melancholie, welche für
mich ein fast ebenso großes Uebel als meine Krankheit
selbst ist." Einem Wort der Anklage gegen den Vater,
der all dies Leid über ihn gebracht, aber begegnen wir
nirgends; wir wissen im Gegentheil, wie jede lieblose Aeußerung über denselben ihn stets in Aufregung und Zorn zu
versetzen im Stande war. Die Schwermuth und wachsende
Umdüsterung seines Gemüths freilich kann uns in Anbe-
tracht alles dessen nicht Wunder nehmen; hören wir doch,
wie er sich endlich (im Nov. 1789) zu dem schweren Schritt
gezwungen sah, seinen kurfürstlichen Gönner selbst um die
Entlassung seines Vaters aus dessen Diensten anzugehen:
ein Gesuch, das sofort und in einer den Bittsteller ehren-
den Weise willfährig beschieden ward.

Erst drei Jahre später (am 18. December 1792) endete
der Tod das unglückliche Dasein Johann van Beethoven's;
kurz nachdem sein Sohn zum zweiten Male gen Wien gezogen war, um, was er selbst wol nicht ahnte, seine Vaterstadt und den heimatlichen Strom nimmer wiederzusehen.
Mochte auch das Bonner Kunstleben, das mit der Reorgani-

2*

sation des Nationaltheaters durch Max Franz seine höchste Blüte erreichte, ihm vielseitige Anregung und künstlerischen Bildungsstoff gewähren: den Bedürfnissen und Bestrebungen seines feurigen Geistes, den stolzen Plänen und Hoffnungen seiner gewaltigen Seele that selbst eine solche Mannigfaltigkeit des Gebotenen nicht dauernd Genüge. Die gelungene Wiedergabe der Schöpfungen Gluck's und Mozart's auf der Bonner Bühne erhöhte nur seine Sehnsucht nach ihrer Geburtsstätte, deren großartigeres Kunsttreiben seinen Neigungen völliger entsprach. Auch die ihn beseelende Liebe zur Natur und Heimat, die durch öftere Ausflüge fortwährend Nahrung erhielt, vermochte diesem Streben in die Ferne nicht Schweigen zu gebieten. Schrieb er doch noch zehn Jahre später aus Wien: „Jene schönen vaterländischen Gegenden, was war mir in ihnen beschieden? Nichts als die Hoffnung auf einen besseren Zustand!" Ein Aufenthalt des kurfürstlichen Hofes und der Capelle in Mergentheim, der Beethoven Gelegenheit gab, dem zu seiner Zeit berühmten Clavierspieler und Componisten Sterkel gegenüber sein Licht leuchten zu lassen, that wol gleichfalls das Seine, um ihn in der Erkenntniß der Nothwendigkeit immer erneuter Wechselwirkung mit künstlerischen Elementen zu bestärken. Ein entscheidendes Wort ward vermuthlich endlich durch Joseph Haydn gesprochen. Als dieser nämlich auf der Hin- und Rückreise nach und von England Bonn berührte, da versäumte auch Max Franz nicht, ihm durch

die Seinen eine musikalische Huldigung darbringen zu
lassen. Bei Gelegenheit eines ihm zu Ehren veranstalteten
Festmahls in Godesberg legte ihm Beethoven eine eigene
Composition, eine Cantate vor, deren Aufführung leider an
der schwierigen Behandlung der Blasinstrumente scheiterte.
Das beifällige Urtheil des großen Meisters erregte in dem
jungen Künstler den Wunsch, seines Unterrichts theilhaftig
zu werden. War doch die Hoffnung, von Mozart's Hand
zum Gipfel der Künstlerschaft emporgeführt zu werden, mit
Jenem selber in's Grab gesunken, als ein vorzeitiger Tod
ihn inmitten üppigster Lebens- und Schaffensfülle dahin-
gerafft. Nicht der unschätzbare Gewinn einer nähern Beziehung zu seinem großen Vorgänger sollte ihm beschieden sein,
und auf den kurzen Unterricht, den er während seines ersten
Aufenthaltes in Wien bei ihm genossen, blieb nun für
immer der persönlich unmittelbare Antheil beschränkt, den
der Schöpfer des Don Juan an seiner Entwickelung genommen. Dennoch war es Mozart's klarem Blick schon damals vergönnt, den leuchtenden Glanz seines aufgehenden
Gestirns vorahnend zu erkennen und schon die erste Begegnung hatte ihn zu den Worten veranlaßt: „Auf den gebt
Acht! der wird einmal in der Welt von sich reden machen!"
So sollte nun Haydn — nachdem Graf Waldstein den
Kurfürsten den Wünschen seines Schützlings endlich geneigt
gemacht — als Lehrer Beethoven's die Hinterlassenschaft
Mozart's antreten, und was dem frühverklärten Meister zu

vollenden hienieden vorenthalten blieb, die schöne Aufgabe
der letzten Ausbildung eines Beethoven'schen Genius, das
ward nun ihm, dem schon Alternden, von der Vorsehung
auferlegt, ohne daß er, so scheint es, dieser Aufgabe jemals
recht froh geworden.

„Durch ununterbrochenen Fleiß erhalten Sie Mozart's
Geist aus Haydn's Hand" so lauten die Schlußworte des
Briefes, mit dem Beethoven's „wahrer Freund Waldstein"
am 29. Oct. 1792 von Ludwig Abschied nahm, der nun
dem Ziel seiner Wünsche, der heitern, klangreichen Stadt
an der Donau, entgegenpilgerte. So große Hoffnungen
setzte man auf ihn, den zweiundzwanzigjährigen Jüngling,
so reiche Zinsen versprach sich sein fürstlicher Gönner, dessen
Unterstützung ihm allein die Reise ermöglicht, von den ihm
gespendeten Gutthaten! Daß er selber indessen auch nicht
gering von sich dachte und sich der Größe des ihm inne-
wohnenden Genies vollbewußt war, beweist ein Brief, den
er im Juni 1800 an seinen Freund Wegeler schrieb. „So
viel will ich Euch sagen," heißt es darin, „daß Ihr mich
nur recht groß wiedersehen werdet; nicht als Künstler sollt
Ihr mich größer, sondern auch als Menschen sollt Ihr mich
besser, vollkommener finden, und ist dann der Wohlstand
etwas besser in unserm Vaterlande, dann soll meine Kunst
sich nur zum Besten der Armen zeigen. O glückseliger
Augenblick! wie glücklich halte ich mich, daß ich dich herbei-
schaffen, dich selbst schaffen kann!"

Unmittelbar nach Beethoven's Ankunft in Wien (Nov. 1792) ward der Unterricht bei Haydn begonnen. Ueber die Gegenstände desselben berichtet G. Nottebohm nach den noch erhaltenen Studienheften des Schülers aus jener Zeit. Wir erfahren durch ihn, daß Uebungen im einfachen Contrapunkt über den Cantusfirmus in alten Tonarten Beethoven zunächst beschäftigten. Eine trockene Speise für den nach Freiheit und eigener Kraftbethätigung dürstenden Künstler, der den mehr und mehr überhandnehmenden Ideenreichthum gewaltsam zurückdrängen und die Lust des Schaffens mit den wenig erquicklichen Studien einer grauen Theorie vertauschen mußte. Und Haydn mangelte die Gabe, das todte Formen- und Gesetzwesen seinem Jünger gegenüber lebendig zu machen; er war kein pädagogisches Genie, wie er ein schöpferisches war und minder glücklich als das Schaffen ging ihm das Lehren von der Hand. Ihm fehlte über dem der Schlüssel zum Verständniß der großartig angelegten Individualität des Jüngers. Stand er doch der innerlichen Hoheit und tiefernsten Geistesrichtung desselben so fremd gegenüber, wie der Geist des Jahrhunderts, das Jenes wahre Größe zeitigte, dem Zeitalter, das ihn, den Mann mit Zopf und Perrücke, mit dem ewigen Lächeln kindlicher Güte auf dem Angesicht und dem steten Sonnenschein im frommen Gemüthe, groß gezogen. Kopfschüttelnd blickte er, der vollendete Meister, von den Höhen des Lebens herab auf den werdenden, deß hoch=

fliegender Geist jeglicher Fessel zu spotten schien, und in
dem eine Welt neuer und kühner Ideen sich regte und
zum Ausdruck drängte, wie sie seine sorglose Phantasie
wol nimmer beschwert und beunruhigt hatten. Sein schlicht
bürgerlicher, demuthsvoller Sinn fühlte sich verletzt von
dem hohen Selbstgefühl, der stolzen Selbstständigkeit des
Jüngeren, und ob er ihm auch scherzend den Beinamen des
„Großmogul" gab, die wachsende Größe und Eigenart
desselben entfernte ihn doch immer weiter von seinen
künstlerischen Idealen. Nur zu bald sah er seinen genialen
Zögling seiner Schule entwachsen, und schon nach kaum begon-
nenem Unterricht, im Januar 1793, berichtete er nach Bonn,
er werde ihm „große Opern aufgeben und selber bald auf-
hören müssen zu componiren." So wenig indessen vermochte er aus dem Kreise seiner Anschauungen heraus die
Bestrebungen des Andern zu würdigen, daß, als Beethoven
seine drei Trios op. 1 zum ersten Mal unter lebhaftem
Beifall zur Aufführung brachte, er ihm die Herausgabe des
dritten in C-moll allen Ernstes widerrieth — und doch
erwies sich gerade dieses als das Hervorragendste und Be-
deutungsvollste von allen. Beethoven hinwiederum erblickte
hierin mißgünstige Absichten, und war nicht zu bewegen,
bei der Veröffentlichung seiner drei Claviersonaten op. 2,
die er Haydn widmete, sich auf dessen Wunsch seinen Schüler zu nennen; denn, so erklärte er Jahre nachher noch im
Unmuth gegen Ferdinand Ries: „er habe nichts von ihm

gelernt." Thatsächlich ist, daß er dem übrigens stets nach Gebühr von ihm geschätzten Componisten Haydn ungleich mehr verdankt als dem Lehrer, daß er aus dessen Werken mehr Belehrung geschöpft, als aus seinem Unterricht. Wenigstens wird uns erzählt, daß er, nachdem Johannes Schenk, der Componist des Dorfbarbiers, ihn eines Tages auf allerlei Fehler aufmerksam gemacht, die Haydn in seinen Arbeiten unverbessert gelassen, zu diesem im Geheimen seine Zuflucht nahm, seine Studien bei Haydn nur pro forma fortsetzend, bis dessen abermalige Reise nach England (im Januar 1794) einen schicklichen Anlaß zur Beendigung derselben gab.

Albrechtsberger, der auch als Kirchencomponist thätige, berühmteste Theoretiker seiner Zeit, übernahm nun die Weiterführung Beethoven's in Contrapunkt und Fuge, und haben uns die Mittheilungen Ignaz v. Seyfrieds und namentlich Nottebohms auch mit dem Gang dieses Unterrichts zur Genüge bekannt gemacht. Sie belehren uns, wie emsig er beflissen war, sich mit den grammatischen Kenntnissen seiner Kunst die Herrschaft über all' ihre Mittel zu eigen zu machen; so unverholen manche seiner Aeußerungen andrerseits andeuten, wie wenig auch die pedantische Weise dieses Lehrers seinem genialen Sinn entsprach. Denn wie er seinen freieren Kunstprincipien in seinem Schaffen zu energischem Ausdruck verhalf, so wollte er dieselben auch auf das Lehren angewendet wissen. Ferdinand Ries, wenn er in seinen Mittheilungen die Geduld

und Milde des sonst so reizbaren Meisters als Lehrer rüh=
mend hervorhebt, giebt uns ein schönes Zeugniß seiner
hohen Auffassung des künstlerischen Lehrberufs, und ein
Brief, den Beethoven gelegentlich des Unterrichts seines
Neffen an Czerny geschrieben, bekundet, wie er in die geistige
Durchdringung des Stoffs vor allem das Wesen echter und
wahrer Kunstbildung setzt. Das rein Technische, die leere
Form an und für sich war ihm werthlos; nicht in die
Knechtschaft des Handwerks sollte der Geist sich dahingeben,
sondern freiwaltend dieses beherrschen. Die Idee sollte
die Form bedingen und beseelen, ihr Leben und Bedeutung
leihen, und weil der Geist der Zeit ein sich verjüngender,
befreiender und erneuernder geworden, sollten die durch
die Arbeit von Jahrhunderten geheiligten Schranken wol
nicht zerbrochen, aber erweitert werden, dem veränderten
Inhalt gemäß, der sich in ihnen offenbarte. Denn: „Frei=
heit, weiter gehen ist in der Kunstwelt, wie in der ganzen
großen Schöpfung Zweck", sagt er selbst.

Das waren, auf das Gebiet der Kunst übertragen,
die ersten Lebensregungen einer neuen, hochbewegten Zeit,
wie sie emporstieg an der Schwelle eines neuen Jahrhun=
derts, die Welt mit Thatverlangen und Freiheitsdrang
erfüllend, nach einem lichteren, goldneren Morgen, einem
sonnigeren Völkerfrühling ringend. Beethoven war der
erste, ruhmreichste Repräsentant dieser großen Bewegung
auf tonkünstlerischem Gebiet, der erhabenste Freiheitsver=

kündiger, den das Reich der Töne nennt. Die Musik, so
wie sie ihm von seinen Vorgängern Haydn und Mozart
überkommen, als Weltsprache in echt classischer Weise wei-
terbildend, ward er gleichwohl zum Neubildner eines sub-
jectiven Elementes, das dem allgemein menschlichen Empfinden ein besonderes, der universellen Weltanschauung eine
individuelle entgegensetzte. Kein früherer Meister zeigt in
seinem Schaffen das eigene Spiegelbild so klar und scharf
gezeichnet, als Beethoven. So ist's geschehen, daß er,
der Vollender der Classicität, das gekrönte Haupt der glorreichsten Musikepoche, zugleich zum Ausgangspunkt einer
neuen Epoche ward, die, nach seinem Vorgang weiter-
schreitend, Musik und Leben in Beziehung zu einander
bringend, die Welt des eigenen Ichs zum Centrum ihres
Schaffens macht. Befreiend hat er gewirkt in jeglicher
Hinsicht, der von sich selber sagen konnte: „Wem sich meine
Musik verständlich macht, der muß frei werden von all'
dem Elend, womit sich die Andern schleppen."

Jenes große starke Ich, das, seine eigenen Bahnen zu
gehen berufen, die stolze Eigenart nicht verleugnen kann und
mag, schaut es uns nicht schon aus dem von Haydn verurtheil-
ten Trio in C-moll entgegen, das der Schüler Beethoven
schrieb? Wie mag auf seiner geflügelten Phantasie der ihm
schwer erträgliche Schulzwang gelastet, wie mag er geseufzt
haben, ob der reizlosen Arbeit, mit der sein Verstand sich
mühte! Doch seine Willenskraft war stark genug, um ihn

im Lernen nicht ermüden und das Ziel nicht aus den Augen
verlieren zu lassen, dem er entgegen strebte. Und er wollte
ja „groß werden als Mensch wie als Künstler"! Ein
bequemer, fügsamer Schüler freilich mag er nicht gewesen
sein, und gern glauben wir's, wenn wir hören, daß seine
Lehrer einstimmig in die Klage ausbrachen, er sei „eigen-
sinnig und selbstwollend" und werde durch eigene harte Erfahrung lernen müssen, was er durch ihren Unterricht anzu-
nehmen verweigert habe. Auch Salieri schloß sich dieser
Meinung an, als er ihm über dramatische Composition und
Behandlung der Singstimmen Anweisung ertheilte, und
Schindler erzählt, wie dieser sich zu Cherubini bei dessen
Anwesenheit in Wien, über seinen einstmaligen Schüler noch
beklagt habe. Zwar, daß er, der echt deutsche, von Anbeginn dem Wahren, Charaktervollen zugewandte Künstler, der oberflächlichen italienischen Schule wenig Sympathien abgewann, begreift sich leicht; aber auch Salieri's
Lehren über Stimmbehandlung schenkte er nur geringe
Beachtung, so wie er später ähnliche Wünsche und Bemerkungen der Sänger fast spurlos an sich vorübergehen ließ.
Um so eifriger war er dagegen bestrebt, sich mit dem Me-
chanismus der verschiedenen Instrumente vertraut zu machen,
zu welchem Ende ihm die Musiker Kraft und Linke auf dem
Cello, Punto auf dem Horn, Friedlowsky auf der Clari-
nette und Krumpholz auf der Violine behülflich waren.

Aeußerst fruchtbringend neben dem eigentlichen Unter-

richt war für ihn auch das Lesen und Abschreiben und
besonders das häufige Anhören von Meisterwerken, an
deren Aufführung er vielfach Antheil nahm. Wol durch
die Empfehlungen seines Gönners Graf Waldstein ward
Beethoven besonders in den im zwiefachen Sinne tonan-
gebenden Kreisen des musikliebenden Wiener Adels einge-
führt. Es war ja zu jener Zeit das schöne Vorrecht der
Aristokratie des Landes, im Anschluß an die kaiserliche Familie, Allen voranzugehen in der Pflege der Tonkunst und
ihr in ihrer Mitte eine gedeihliche Stätte zu bereiten.
Einige der reicheren Fürsten unterhielten vollständige musikalische Institute, wie eine italienische Oper. Andere, wie
Fürst Lobkowitz, gewährten sich den edlen Luxus einer kleineren oder größeren Privat-Capelle, einer Harmoniemusik
oder eines Streichquartetts. Daß man die Künstler als
Virtuosen wie als Componisten reichlich lohnte, gereichte
der Kunst selbst zum Heile, und so geschah es, daß die Kam-
mer- und Orchestermusik im österreichischen Lande dazumal
einer Blüte entgegentrieb, die zu keiner Zeit noch über-
troffen worden ist. So war durch Mozart's und Haydn's
directen Einfluß, namentlich die musikalische Bildung der
fürstlichen Häuser Lichnowsky und Rasumowsky wesentlich
gefördert worden. Neben ihnen nahm Baron van Swieten,
der Gründer eines hochadeligen Musikvereins, der unter
Mozart's Leitung gestanden, eine bevorzugte Rolle in den
tonkundigen Cirkeln der Kaiserstadt ein. Ein Anhänger

Sebaſtian und Philipp Emanuel Bach's, wird er als ſo
unerſättlicher Muſikenthuſiaſt geſchildert, daß er Beethoven
„mit der Schlafhaube im Sack" zu ſich beſtellte, und ihn
ſelten entließ, ohne daß dieſer ihm erſt ein halb Dutzend
Bach'ſcher Fugen „zum Abendſegen" vorſpielen mußte.

Daß der geniale Rheinländer hier allenthalben offene
Häuſer und Herzen fand, daß man in ihm eine erhebliche
Vermehrung künſtleriſcher Genüſſe willkommen hieß, wer
möchte ſich deſſen verwundern? Kam ihm doch überdies das
holländiſche Wörtchen van vor ſeinem Namen zu ſtatten,
das ihn in den Augen des Adels auch als von gleichbe-
rechtigter geſellſchaftlicher Stellung erſcheinen ließ.

Begreiflicherweiſe freilich fanden ſeine Virtuoſität und
ſein eminentes Improviſationstalent ſelbſt in dieſen kunſt-
verſtändigen Kreiſen ſchnelleren Eingang, als die Kund-
gebungen ſeiner ſchöpferiſchen Muſe. Zweifellos war es
bald anerkannt, daß er als Virtuos Alle hinter ſich zurück-
ließ. Nur Wölffl und Hummel haben ihm eine zeitlang
den Rang ſtreitig gemacht, und Czerny erzählt in ſeiner
unlängſt veröffentlichten Autobiographie, wie Letzterer und
Beethoven „Parteien bildeten, welche einander mit aller
Macht anfeindeten." Während die Anhänger Hummel's
Beethoven verwarfen, daß er „das Fortepiano malträtire
und ihm alle Reinheit und Deutlichkeit mangele, daß er
durch den Gebrauch des Pedals nur confuſen Lärm hervor-
bringe und ſeine Compoſitionen geſucht, unnatürlich, melo-

dielos und überdem unregelmäßig seien," behaupteten die Andern dagegen, Hummel ermangele aller echten Phantasie, sein Spiel sei monoton wie ein Leierkasten u. dgl. m. Den Kennern der Tonkunst natürlich blieb es nicht verborgen, wie das Talent eines Hummel titanenhaft überragt wurde von Beethoven's Genie, wie die anmuthig eleganten, auf den höchsten Effect berechneten Leistungen des Jüngers der Mozart=Clementi'schen Schule besiegt wurden von der zündenden Gewalt, mit der sein Spiel zu Aller Herzen sprach. Was die Zeugen seiner Kindheit an Ludwig, dem Knaben, genügt, die harte, wenig empfindungsvolle Art seines Spiels, die erst der Unterricht Neefes erfolgreich bekämpfte, das hatte sich inzwischen zu jener Tiefe des Ausdrucks und der Empfindung umgewandelt, die Beethoven's Meisterschaft charakterisirt. „Auch im Clavier= spielen habe ich mich sehr vervollkommnet" schreibt er im Juni 1800, und in der That sind uns zahlreiche Anecdoten aufbewahrt, die seine seltene Geläufigkeit und die unfehl= bare Sicherheit seines musikalischen Gefühls übereinstim= mend schildern. So spielt er einst ein ihm unbekanntes Quartett eines Wiener Autors aus der Handschrift vom Blatt. Im zweiten Theil des ersten Satzes kommt das Violoncell heraus und schweigt; da erhebt sich Beethoven und singt, seine Partie gleichzeitig immer fortspielend, die fehlende Stimme hinein. Gegenüber den Ausdrücken lau= ter Bewunderung, wie er die ausbleibende Stimme des ihm völlig unbekannten Werkes also zu ergänzen vermöge, erwiderte er lächelnd: „So mußte die Baßstimme sein; sonst hätte der Autor ja keine Composition verstanden." Auf eine andere Bemerkung: er habe ja das nie gesehene Presto so schnell gespielt, daß es schlechterdings unmöglich gewesen die einzelnen Noten zu erkennen, entgegnete er: „Das ist auch keineswegs nöthig; wenn Du schnell liesest, so mögen eine Menge Druckfehler vorkommen, Du siehst oder achtest sie nicht, wenn nur die Sprache Dir bekannt ist." Von einer gewissen zunehmenden Undeutlichkeit seines Spiels freilich berichten uns auch Ries, Schindler u. Andere und zwar in dem Maße, als er an der Feinheit seines Gehörs, dieses dem Musiker unentbehrlichsten Sinnes, Einbuße erlitt. Begeistert aber zeugen Alle, die sie je vernommen, von dem Zauber seiner Improvisationen, deren Reichthum an Erfindung und Vielgestaltigkeit der Durchführung selbst die gleichartigen Hervorbringungen des phantasiereichen Mozart (nach dem Urtheil von Ohrenzeugen) in Schatten stellte. Wie jedoch die Tonfülle, die er hervorrief, oftmals in heißen Schmerzen den Tiefen seiner Brust entquollen, das verrieth sich — so wird uns von einem Zeitgenossen geschildert — auf dem Angesicht des sonst so verschlossenen Meisters. „Seine Gesichtsmuskeln schwollen an und seine Adern traten hervor, das ohnehin wilde Auge rollte noch einmal so heftig, der Mund zuckte und Beethoven hatte das Aussehen eines

Zauberers, der sich von den Geistern überwältigt fühlt, die er selbst beschwor."

Die bevorzugte Stätte, wo solche Darbietungen des Künstlers zumeist genossen und angeregt wurden, war das Haus Lichnowsky, dasselbe, das ihn jahrelang bleibend beherbergte und ihm, dem Heimatlosen, eine gastliche Zuflucht bot. Von hier aus auch begannen einige seiner Compositionen zuerst ihren Weg in die Oeffentlichkeit. So die Trios op. 1, deren letztes hier, wie schon erwähnt, Haydn's Bedenken erregte, so auch die diesem gewidmeten Claviersonaten op. 2; auch das Esdur-Trio op. 3 und das Quintett op. 4, das eine Bonner Arbeit, nur in veränderter Gestalt, zeigt, empfingen hier durch Graf Appony den Anlaß zu ihrer Entstehung. Als es aber galt, dem jungen noch unbekannten Tonsetzer für sein opus 1 einen Verleger zu gewinnen, da war es die Vermittelung des Fürsten Lichnowsky, in deren Folge sich Artaria in Wien bereit fand, ihm dasselbe mit einer Summe von 212 Fl. zu honoriren, die er freilich ohne Wissen Beethoven's vom Fürsten ausgezahlt erhielt. Später (seit dem Jahre 1799) setzte der Letztere seinem Schützling sogar ein Jahrgeld von 600 Fl. aus, eine um so willkommenere Gabe, als er von Seiten des cölnischen Kurfürsten keinerlei Unterstützung mehr empfing. Unermüdlich, wie sich der Fürst in Beweisen seiner Freundschaft und Hochachtung zeigte, bezeichnet ihn Beethoven selbst, „als den von allen erprobtesten" und

„seinen wärmsten Freund", und seiner Gemahlin, die all' seinen mancherlei Absonderlichkeiten sanfte Duldung und entschuldigende Milde gegenübersetzte, gedenkt er in Dankbarkeit in den Worten: „Mit großmütterlicher Liebe hat man mich dort erziehen wollen, und die Fürstin Christiane hätte eine Glasglocke über mich machen mögen, damit kein Unwürdiger mich berühre". Auch der Bruder des Fürsten, Graf Lichnowsky, ein Schüler Mozart's und ausgezeichneter Clavierspieler, „überhäufte ihn völlig mit Gefälligkeiten".

Leider vermochte das freiheitliebende Naturell unsers Künstlers der Vortheile seines Aufenthaltes inmitten der fürstlichen Freunde nicht dauernd froh zu werden. Ihn beschwerten die leichten Fesseln, die ihm die Ordnung des Hauses auferlegte, und ebenso wenig, als er selber Rücksichten forderte, zeigte er sich geneigt, sie zu gewähren. Vielleicht auch kränkte es seinen Stolz, immerdar nur empfangen zu sollen, wo er sich selber reich zum Geben fühlte, sich abhängig zu wissen, voll des lebendigsten Unabhängigkeitsdranges, unaufhörlich begleitet von dem Widerspruch zwischen der idealen Tonwelt, darin seine Seele athmete, und der realen Außenwelt, die ihn umgab und von ihm, dem Weltfremden, aus den engen Verhältnissen einer kleinen Stadt und des bescheidensten Hausstandes Hervorgegangenen, ihren Tribut forderte. Den Mangel einer frühen Welterziehung empfindend, ohne ihn gleichwol überwinden zu können, fühlte er sich beengt von den Formen und

Schranken, wie die Gesellschaft sie zwischen sich aufgerichtet,
und voll des Bewußtseins der ihm eingeborenen Gottes=
kraft, die ihn emporhob über Millionen Andere, lehnte er
sich auf gegen die Macht des Standesunterschiedes. „De=
muth des Menschen gegen den Menschen, sie schmerzt mich",
sagt er einmal, und Bettina schreibt von ihm: „O Göthe!
kein Kaiser und kein König hat so das Bewußtsein seiner
Macht und daß alle Kraft von ihm ausgehe, wie dieser
Beethoven!" Jede Nichtachtung seines Künstlerthums, mehr
noch wie seiner Person, berührt ihn empfindlich. Als man
z. B. bei einer die Anwesenheit des Prinzen Louis Ferdi=
nand feiernden Affemblée für den fürstlichen Gaft und Einige
vom hohen Adel eine besondere Tafel servirte, ohne Beet=
hoven dabei zu bedenken, verließ er unter ziemlich derben
Ausfällen gegen die Wirthin sofort das Haus. Glücklicher=
weise verstand es der Prinz, dem von ihm hochverehrten
Künstler Genugthuung zu geben, indem er bei einem Mit=
tagsmahl, das er wenige Tage später veranstaltete, der
betreffenden Dame den einen, ihm aber den andern Platz
an seiner Seite anwies.

Sich der Etikette der Großen zu fügen, kam ihm alle=
zeit sauer an und sein Erscheinen bei Hofe erregte gar
mancherlei Aergerniß. Nur widerstrebend unterzog er sich
dem Unterricht des Erzherzogs Rudolph, den er seufzend
seinen „Hofdienst" nannte. Immer von neuem mußte die
Umgebung seines hohen Schülers ihn an die Beobachtung

der höfischen Bräuche erinnern, bis er endlich, der fortge-
setzten Mahnungen müde, diesem voll Entrüstung erklärte,
er hege für ihn selber allen nur möglichen Respect; den
leeren Aeußerlichkeiten, von denen er umgeben sei gerecht
zu werden, aber vermöge er nun und nimmer. Der Erzherzog
lächelte darauf und befahl, den Meister künftighin unbe-
hindert seine Wege gehen zu lassen — da er nun einmal
nicht zu ändern sei.

Das Schicksal Beethoven's hat es gewollt, daß der
für ihn an Freud' und Leid so folgenreiche Verkehr mit
der aristokratischen Welt Wiens auch noch in einer Beziehung hochbedeutsam für ihn werden sollte. War es doch
hier, wo ihm die weibliche Idealgestalt begegnete, die seine
Träume und Hoffnungen erfüllte und sein Herz zu einer
Neigung entflammte, wie sie so tief und dauernd das Men-
schenherz nur einmal und nie wieder zu empfinden fähig
ist. Nur karge äußere Spuren dieses inneren Erlebnisses
wurden uns aufbehalten, sie beschränken sich auf drei Briefe,
eine Notiz in Beethoven's Conversationsheften und die
Sonate in Cis-moll. Die Letztere ist alla Damigella Con-
tessa Giulietta di Guicciardi gewidmet — der Heldin jener
kurzen Liebesepisode, die einen vollen goldnen Glanz des
Glücks über sein Leben warf, um es hinfort nur um so
dunkler und einsamer und freudenloser erscheinen zu lassen.
Wir wissen nur, daß Giulia, durch Geist und Schönheit in
gleichem Maße bevorzugt, einer stolzen gräflichen Familie

angehörte, welche aus Modena stammte. Im Elternhause, wie in der Aussicht auf eine bevorstehende Verbindung mit dem Grafen Gallenberg, fühlte sie sich wenig befriedigt und gab vielmehr ihr Herz dem Meister dahin, der sie in seiner Kunst unterrichtete. Zu dieser Zeit entstanden die Briefe, die man nach Beethoven's Tode, sorgfältig verwahrt, bei ihm vorgefunden. Sie lauten wörtlich wie folgt:

Am 6. Juli Morgens.

„Mein Engel, mein Alles, mein Ich! — nur wenige Worte heute, und zwar mit Bleistift (mit Deinem) — erst bis morgen ist meine Wohnung sicher bestimmt, welcher nichtswürdige Zeitvertreib in d. g. — Warum dieser tiefe Gram, wo die Nothwendigkeit spricht. — Kann unsere Liebe anders bestehn als durch Aufopferungen, durch nicht alles verlangen, kannst Du es ändern, daß Du nicht ganz mein, ich nicht ganz Dein bin — Ach Gott, blick 'in die schöne Natur und beruhige Dein Gemüth über das müssende — die Liebe fordert alles und ganz mit Recht, so ist es mir mit Dir, Dir mit mir — nur vergißt Du so leicht, daß ich für mich und für Dich leben muß — wären wir ganz vereinigt, Du würdest dieses schmerzliche eben so wenig als ich empfinden. — Meine Reise war schrecklich. — Ich kam erst Morgens vier Uhr gestern hier an, da es an Pferden mangelte, wählte die Post eine andere Reiseroute, aber welch schrecklicher Weg, auf der letzten Station warnte man mich bei Nacht zu fahren — machte mich einen Wald fürchten, aber das reizte mich nur — und ich hatte Unrecht, der Wagen mußte bei dem schrecklichen Wege brechen, grundlos, bloßer Landweg, ohne solche Postillone, wie ich hatte, wäre ich liegen geblieben unterwegs — Esterhazy hatte auf dem andern gewöhnlichen Wege hierhin dasselbe Schicksal mit acht Pferden, was ich mit vier, jedoch hatte ich zum Theil wieder Vergnügen, wie immer, wenn ich was glücklich überstehe. — Nun geschwind zum innern vom äußern. Wir werden uns wohl bald sehen, auch heute kann ich Dir meine Bemerkungen nicht mittheilen, welche ich während dieser einigen Tage über mein Leben machte — wären unsere Herzen immer dicht an einander, ich machte wohl keine d. g. Die Brust ist voll, Dir viel zu sagen. — Ach — es giebt Momente, wo ich finde, daß die Sprache noch gar nichts ist. — Erheitere Dich — bleibe mein treuer, einziger Schatz, mein Alles, wie ich Dir; das Uebrige müssen die Götter schicken, was für uns sein muß und sein soll.

Dein treuer Ludwig."

. Abends Montags am 6. Juli.
„Du leidest, Du mein theuerstes Wesen — eben jetzt nehme ich wahr, daß die Briefe in aller Frühe aufgegeben werden müssen. Montags — Donnerstags — die einzigen Tage,

wo die Post von hier nach K. geht — Du leideft — Ach,
wo ich bin, bift auch Du mit mir, mit mir und Dir werde
ich machen, daß ich mit Dir leben kann, welches Leben!!!!
so!!!! ohne Dich — verfolgt von der Güte der Menschen
hier und da, die ich meine ebenso wenig verdienen zu wollen, als sie zu verdienen — Demuth des Menschen gegen
den Menschen — sie schmerzt mich — und wenn ich mich
im Zusammenhang des Universums betrachte, was bin ich
und was ist der — den man den Größten nennt — und
doch — ift wieder hierin das Göttliche des Menschen —
ich weine, wenn ich denke, daß Du erst wahrscheinlich Sonn-
abends die erste Nachricht von mir erhältst. — Wie Du
mich auch liebst — stärker liebe ich Dich doch — doch nie
verberge Dich vor mir — gute Nacht! — Als Badender
muß ich schlafen gehn. Ach Gott — so nah! so weit! ist
es nicht ein wahres Himmelsgebäude, unsre Liebe — aber
auch so fest, wie die Veste des Himmels. —"

„Guten Morgen am 7. Juli.
Schon im Bette drängen sich die Ideen zu Dir, meine
unsterbliche Geliebte, hier und da freudig, dann wieder
traurig, vom Schicksal abwartend, ob es uns erhört — leben
kann ich entweder nur ganz mit Dir oder gar nicht, ja ich
habe beschlossen, in der Ferne so lange herum zu irren, bis
ich in Deine Arme fliegen kann und mich ganz heimathlich

bei Dir nennen kann, meine Seele von Dir umgeben in's Reich der Geister schicken kann — ja leider muß es sein — Du wirst Dich fassen, um so mehr, da Du meine Treue gegen Dich kennst, nie eine andre kann mein Herz besitzen, nie — nie — o Gott warum sich entfernen müssen, was man so liebt, und doch ist mein Leben in W. so wie jetzt ein kümmerliches Leben — Deine Liebe machte mich zum Glücklichsten und zum Unglücklichsten zugleich — in meinen Jahren jetzt bedürfte ich einiger Einförmigkeit, Gleichheit des Lebens — kann diese bei unserm Verhältnisse bestehn? — Engel, eben erfahre ich, daß die Post alle Tage abgeht — und ich muß daher schließen, damit Du den B. gleich erhältst — sei ruhig, nur durch ruhiges Beschauen unsers Daseins können wir unsern Zweck zusammen zu leben erreichen — sei ruhig — liebe mich — heute — gestern — welche Sehnsucht mit Thränen nach Dir — Dir — Dir — mein Leben — mein Alles — lebe wohl — o liebe mich fort — verkenne nie das treuste Herz Deines geliebten L. ewig Dein, ewig mein, ewig uns".

So glühend redet die Sprache seines Herzens zu dem ihren, das „ewig sein" war, „so fest, wie die Veste des Himmels, ein wahres Himmelsgebäude" glaubt er diese Liebe, und dennoch kam eine Zeit, wo sie wankte, wo man ihm die Treue brach. Sie heirathete „fast plötzlich", erzählt Schindler, und ward die Gemahlin jenes Grafen Gallenberg, mit dem sie Wien verließ, um jahrelang in Italien zu leben. Kein Schmerzenslaut über diese herbste Täuschung seines Lebens ist je, so scheint es, über die Lippen des Meisters hinweg an das Ohr eines Andern gedrungen; in tiefster Einsamkeit hat er das Weh seiner Brust ausgeklagt und den schweren Kampf vollendet. Nur tönend offenbarte er der Welt das heilige Geheimniß seines Herzens und in Gestalt reiner Harmonien entzückt uns nun, was er den Stunden der Trübsal abgerungen. Oder kündet seine Cis-moll-Sonate uns nicht, die ganze Schwärmerei, die ganze Schmerzens- und Seligkeitsfülle seiner Liebe? Und wer erkännte nicht in ihr die schwermuths- und entsagungs- vollste Liebesklage, die je in Tönen laut geworden?

Er entsagte. „In der Verzweiflung", erzählt Schindler, „suchte er Trost bei seiner bewährten und vorzugsweise ver- ehrten Freundin" Gräfin Erdödy, auf deren Gut Jedlersee im Marchfelde er einige Tage zuzubringen gedachte. Dort verschwand er jedoch und die Gräfin glaubte ihn bereits nach Wien zurückgekehrt, als am dritten Tag darauf ihr Musiklehrer ihn in einem entlegenen Theile des Schloß- gartens gewahrte. „Dieser Zwischenfall blieb lange ein fest bewahrtes Geheimniß und ward erst nach Jahren durch die beiden Mitwissenden Beethoven's nähern Freunden an- vertraut, nachdem diese Liebesangelegenheit längst in Ver- gessenheit gerathen. Man knüpfte die Vermuthung daran, es sei des Unglücklichen Absicht gewesen, sich durch Verhun-

gern den Tod zu geben". So weit Schindler, der, obwol
er „von Beethoven selbst in Bezug auf jene Giulietta nur
Flüchtiges hörte, den Eindruck einer das ganze künftige
Leben entscheidenden Begebenheit von diesem Verhältniß
gewonnen." Wollte der so leidenschaftlich Liebende vielleicht sein Wort: „Leben kann ich entweder nur ganz mit
Dir oder gar nicht!" in Wahrheit mit seinem Tode besiegeln?
Vergessen wenigstens hat er sie nie, und nimmer aufgehört,
ihrem Geschick mit Theilnahme zu folgen. Noch vierzehn
Jahre später taucht in einem Briefe an Ries ihr Gedächtniß vor ihm auf. — Wie er einst (1801) im Gedanken an
sie „das liebe zauberische Mädchen", das er nicht mit Namen nennen mag, an Wegeler schrieb: „Es ist das erste
Mal, daß ich fühle, daß Heirathen glücklich machen könnte",
so schreibt er nun auch seinem ehemaligen Schüler: „Alles
Schöne an Ihre Frau; leider hab' ich keine. Ich fand nur
eine, die ich wohl nie besitzen werde". Und noch einmal,
im Jahre 1823, vier Jahre vor seinem Tode, that er gegen
Schindler seiner „unsterblichen Geliebten" Erwähnung. Die
Conversationshefte enthalten ein Gespräch, das an eine im
Auftrag des Meisters herbeigeführte Begegnung Schind-
ler's mit Graf Gallenberg (der inzwischen nach Wien zurück-
gekehrt und mit der Aufsicht über das Musik-Archiv des
Kärnthnerthortheaters betraut worden war) anknüpft. Im
Laufe desselben gedachte Beethoven auch der Gräfin mit den
Worten: „J'étais bien aimé d'elle et plus que jamais son

époux. Arrivé à Vienne elle cherchait moi pleurant, mais je la méprisais." „Und". — damit schloß Beethoven die schriftlich geführte Unterredung — „wenn ich hätte meine Lebenskraft mit dem Leben so hingeben wollen, was wäre für das Edle, Bessere geblieben?"

„Beethoven lebte für die Menschheit im Großen, nicht für den Einzelnen", sagt Schlosser in seiner Biographie, „auch nicht für sich selber", fügen wir hinzu. Er lebte in ausschließlicher Hingabe an die erhabene Mission, die ihm auferlegt, und deren ganzer Größe und Verantwortlichkeit er beständig eingedenk blieb. Die Qualen des Zweifels an der Echtheit des inneren Berufs, wie sie die Künstler-brust nicht selten beirren, haben seine Seele niemals belastet; fest und zuversichtlich glaubte er an sich, erfüllt von der Gewißheit der eigenen Größe. Was in den Entwickelungs-gang geringerer Geister oft hindernd eingreift, die tausender-lei kleinen und großen Hemmnisse und Feindseligkeiten des äußeren Lebens, das hat seine Laufbahn nimmer zu stören vermocht, und zum Segen ist ihm geworden, was Jenen zum Schaden gereicht. Aller Kampf stählte nur seine Kraft und wo Andre unterliegen, ging er als Sieger hervor. Dem Antäus gleich entriß er dem Schmerz seine Gewalt, indem er ihn emporhob über die Erde und sich selber, in eine reinere Region, wo alle Bitterkeit von ihm weicht und er in eine läuternde und erlösende Macht sich wandelt. Nicht glücklich zu sein, war seine Aufgabe, auch nicht glück-

lich zu machen im irdischen Sinne, das Beides hat er entbehren müssen. Er erfüllte die Welt mit reinstem Ent-
zücken und dennoch ließ sie ihn einsam, er erschloß ihr ein
friedensvolleres Reich, ein erhöhteres Dasein — sie gab
ihm nur kalten Ruhm dafür, — liebespendend, liebebürstend,
hat er gleichwohl an Liebe gedarbt. Fragen wir noch,
warum er sich endlich von ihr abwandte, immer noch spen-
dend aus seiner unerschöpflichen Besitzesfülle, aber ein
ernstes, verschlossenes Antlitz nach Außen gekehrt, als ein
Fremdling umherirrend unter den Menschen? Fragen wir,
warum er sich immer tiefer hineinversenkte in die stille
unsichtbare Welt seiner eigenen Gedanken und Träumereien,
die sich immer wunderbarer belebte und vertiefte, je mehr
er den Beziehungen zur Außenwelt entsagte?

So gern lächelten seine Lippen, bevor des Lebens
Ernst und der Erfahrung Herbe sie zusammengepreßt, und
hoffnungsreich blickten seine Augen in die Zukunft, bevor
sie so bitter grollen lernten. Auch seine Töne klangen
einst harmlos in die Welt hinaus. Die Erzeugnisse der
Bonner Jugendzeit, heiter und unbefangen, ein absichts-
loses Tonspiel, scheinen in sich selber Genüge zu finden;
nirgends noch verräth sich ein Keim zu jenen großen Ge-
staltungen, die derselbe Genius später an's Licht rief. Erst
in den Werken der Wiener Früh-Epoche, seit seinem Opus 1,
finden wir, wenn auch zuweilen mehr vorahnend als deut-
lich verfolgbar, die Spur Beethoven'schen Geistes. Aber

auch sie zeigen noch vorwiegend ein freundliches Gesicht, wie es der Jugend wohl anstehen mag; trotz einer unverkennbar ernsteren Richtung, noch nichts von jenem Zug innerster Resignation und weltverachtenden Humors, nichts von dem tiefdunklen Grund tragischer Seelenstimmung, den überwältigenden Stürmen der Leidenschaft, des Kampfes und der Verzweiflung, die das Leben später in sie hineinbildete.

Lehrreich und interessant ist es, an der Hand der Werke Beethoven's, seiner künstlerischen Entwickelung nachzugehen. Zwar ist die Opuszahl bei ihm nicht immer ein sicherer Führer; manche der frühesten Zeit entstammende Compositionen reihten sich erst spät der Folge seiner Werke ein. Die Forschungen von Thayer und Nottebohm aber namentlich (die verdienstvollen Herausgeber des chronologischen und thematischen Verzeichnisses der Schöpfungen des Meisters) haben uns auch für die wichtige Frage der Entstehungszeit der einzelnen Werke mannigfache Aufklärung gebracht. Als wesentlichstes Hülfsmittel zur Feststellung der Chronologie haben sich Beethoven's Skizzenbücher erwiesen. Er pflegte auf zusammengeheftete Blätter nicht allein Einfälle, wie sie ihm eben durch den Sinn gingen, zu notiren, sondern die verschiedenen Motive, Passagen, Wendungen derjenigen Compositionen, die ihn gerade beschäftigten, im Einzelnen auf das Sorgfältigste durchzuarbeiten und umzubilden. Da er sich in der Regel mit mehreren Werken gleichzeitig trug, so laufen die immer wiederholten Versuche der verschiedenen Compositionen fortwährend durcheinander. Beethoven selbst scheint offenbar Werth auf diese Skizzen gelegt zu haben. Im Gegensatz zu seinen sonstigen Manuscripten, die er, sobald sie gedruckt waren, achtlos verloren gehen ließ, bewahrte er sie auf und ließ sie in ihrer ursprünglichen Ordnung zusammenbinden. Leider sind diese Skizzenbücher, die den lebendigsten Einblick in die Werkstätte des arbeitenden Künstlers eröffnen, im Laufe der Zeit zerstreut, zum Theil selbst blattweis verzettelt; nur eins derselben ist von Nottebohm beschrieben und veröffentlicht worden und hat den bedauerlichen Verlust der übrigen nur um so klarer erkennen lassen.

Dem Eifer der Forscher zum Trotz ist noch bis heute manch dunkler Punkt im Leben und Schaffen des Meisters unaufgehellt geblieben. So hat der augenscheinliche Mangel an Productivität von seinem zwölften bis zu seinem zweiundzwanzigsten Jahre, im Gegensatz zu der auffallenden Ergiebigkeit des nächstfolgenden Jahrzehntes, wiederholten Anstoß erregt. Thayer will in seinem leider erst zum kleinsten Theil erschienenen, sehr eingehend gehaltenen „Leben Ludwig van Beethoven's" das Räthsel dahin lösen, daß er „manche der in den ersten zwölf Jahren des Wiener Lebens herausgegebenen Werke als von Bonn dorthin mitgebracht" und nur „mehr oder weniger verändert, vermehrt und vervollkommnet" annimmt. Außerdem wissen

wir durch Ries, daß „manche Sachen, die er nie heraus=
geben wollte, weil er sie nicht seines Namens würdig hielt,
durch seine Brüder heimlich in die Welt kamen. So wur=
den Lieder, die er jahrelang vor seiner Abreise nach Wien
noch in Bonn componirt hatte, dann erst bekannt, als er
schon auf einer hohen Stufe des Ruhmes stand. So wur=
den sogar kleine Compositionen, die er in Stammbücher
geschrieben hatte, in dieser Art entwendet und gestochen."

Die Veröffentlichung der ersten Trios, die nach dem
Zeugniß des Verlegers „mit so vielem Beifall aufgenom=
men worden", blieb nicht das einzige wichtige Ereigniß des
Jahres 1795; am 29. März desselben Jahres erschien Beet=
hoven, den man bisher nur in den Privatconcerten des
Adels bewundert hatte, zum ersten Male in einer Acade=
mie der Tonkünstler=Gesellschaft, als Virtuos und Compo=
nist vor dem großen Wiener Publicum. Er spielte sein
erstes Pianoforteconcert in C-dur (op. 15), das frisch aus
seiner Feder kam und dessen Hauptpartie er, wie er dies
auch später zu thun pflegte, aus leeren Stimmblättern vor=
trug. Von dem Erfolg dieses ersten Auftretens wird uns
nichts berichtet; auf die wachsende Verbreitung seines Na=
mens aber deutet eine Anzeige der Wiener Zeitung hin,
darin die Gesellschaft der bildenden Künstler zu ihrem all=
jährlich stattfindenden Maskenball mit der Bemerkung ein=
ladet, daß „die Musik zu den Menuetten und deutschen
Tänzen für den kleinen Redoutensaal von der Meisterhand

des Herrn Ludwig van Beethoven, aus Liebe zur Kunst-
verwandtschaft, verfertigt" sei. So mußte, nach dem Vor-
gange Haydn's, Dittersdorf's und andrer berühmter Namen, nun auch der ernstere Beethoven dem tanzlustigen,
lebensfrohen Wien seinen heitern Zoll entrichten. Wunderbar mag ihn, den „leise gestimmten", in sich gekehrten
Mann, die Art der Lebensführung angemuthet haben, wie
sie der Wiener liebt. Unterhaltung, flüchtige Sinneser-
regung nur forderte man von der Musik; nur als die ge-
fällige Muse, mit lächelndem Angesicht wollte man sie sehen,
nicht ernst beschaulich oder gar schmerzenkündigend, mit
gedankenvoller Stirn und thränendem Auge. Genuß war
das Losungswort im Leben wie in der Kunst. Vermochte
doch selbst Mozart, das echte Oesterreicher Kind, voll unbe-
wölkter Seelenheiterkeit und Lebensfreudigkeit, nicht rasch
und allseitig durchzudringen mit seinen Werken, die doch
dem Verständniß freundlich entgegenkommen und deutsche
Gemüthstiefe mit italienischem Liebreiz vermitteln. Um
wie viel schwerer mußte es Beethoven, dem der realen Welt
fast Entfremdeten, ganz dem Idealen Zugeneigten, gelin-
gen, hier Boden zu fassen. Daß es ihm sogar an offenen
Widersachern und Neidern nicht fehlte, geht aus seinen
brieflichen Mittheilungen hervor. Der kleine Kreis war-
mer Verehrer aber konnte ihn nicht entschädigen für die
ihm nur sparsam dargebrachten Sympathien der Menge,
wie ihrer der Genius doch zu seiner Befruchtung bedarf.

Auch eine Kunstreise, die er im Jahre 1796 nach Prag, Leipzig und Berlin unternahm, — die erste und einzige seines Lebens, wenn wir von der sehr zweifelhaften Reise des Kindes nach Holland, von der wir berichten hörten, absehen, — war nicht eben glänzend an Erfolgen; obschon Schindler erzählt, daß er durch sein Clavierspiel und besonders „seine geistvollen Improvisationen Theilnahme und Aufsehen" erregt habe. Während seines Prager Aufenthaltes entstand die Scene und Arie für Sopran und Orchester „Ah perfido!" (op. 65), seine erste große, noch sehr im Mozart'schen Geiste gehaltene Gesangcomposition, die von der Sängerin, für die er sie schrieb, Madame Duschek, bereits im November desselben Jahres in einem Leipziger Concert gesungen ward. In Berlin, wo er mit Fasch und Hummel, Zelter und dem genialen Prinzen Louis Ferdinand bekannt wurde, empfing er durch Duport, den berühmten Cellisten und Günstling König Friedrich Wilhelm's, die Anregung zu den bedeutungsvollen zwei Sonaten für Piano und Violoncell op. 5, die er gemeinsam mit diesem bei Hofe vortrug und dem König dedicirte. Eine goldne Dose mit Louisdoren gefüllt, sprach ihm dafür den Dank des Letzteren aus.

Im Ganzen fühlte sich Beethoven von der preußischen Hauptstadt wenig angezogen und hielt diesen Eindruck, wie es scheint, sein ganzes Leben hindurch fest. Auch wenn ihm der ernstere norddeutsche Charakter mehr zusagen

mochte, als die leichtlebige südliche Weise, so floß doch, von
den Meistern der Classicität geweckt, der Strom des musikalischen Lebens hier um vieles reicher und blühender. Genug,
er kehrte nach Wien zurück, dahin die beiden Brüder, die
er in Bonn zurückgelassen, ihm inzwischen nachgefolgt waren.
Brüderlich nahm er sich auch jetzt wieder ihrer an, die ihm
seine Güte nur mit Undank lohnen sollten. Glücklicher-
weise wenigstens verbesserten sich indeß seine äußeren Verhältnisse in einem Grade, daß er im Juni 1800 an Wegeler schreiben konnte: „Meine Compositionen tragen mir
viel ein, und ich kann sagen, daß ich mehr Bestellungen
habe, als fast möglich ist, daß ich befriedigen kann. Auch
habe ich auf jede Sache sechs, sieben Verleger, und noch
mehr, wenn ich mir's angelegen sein lassen will; man accor-
dirt nicht mehr mit mir, ich fordere und man zahlt."

Das mit seinem Pfunde Wuchern kam ihm dessenungeachtet sauer an. „Ich wünschte", sagt er, „daß es
anders in der Welt sein könnte. Es sollte nur ein Magazin
der Kunst in der Welt sein, wo der Künstler seine Kunst-
werke nur hinzugeben hätte, um zu nehmen, was er brauchte:
so muß man noch ein halber Handelsmann dabei sein."

Der steigende Werth und die sich mehrende Zahl seiner Compositionen bestätigen thatsächlich, was er selber
ausspricht: „Ich lebe nur in meinen Noten, und ist das
Eine kaum da, so ist das Andre schon angefangen." So
sehen wir vom Jahre 1796 bis 1800 neben minder bedeu-

tendem seine unsterbliche Adelaide, die Claviersonaten op. 7,
op. 10, op. 13 und 14, die Violinsonaten op. 12, die Trios
op. 9 und 11 und das zweite Pianoforteconcert op. 19
theils entstehen, theils vor die Oeffentlichkeit treten.

Das Letztgenannte, das, Beethoven's eigenen Mittheilungen zu Folge, noch vor dem ersten Concert geschrieben
ward, führte er zuerst dem Prager Publicum vor, als er,
„der Riese unter den Clavierspielern", wie ihn der dortige
Berichterstatter nennt, 1798 Prag besuchte. Nach Form
und Tendenz schließt sich dasselbe, gleich dem ersten und
darauffolgenden dritten Concert (op. 37), Mozart'schen Vor-
bildern an, und weit werden sie alle an Bedeutung überragt von den beiden letzten derartigen Schöpfungen des
Meisters. Wenn selbst ein Beethoven, der rein äußerlichen
Zwecken zu opfern sich niemals herbeigelassen hat, im Concert — der Natur desselben nach und unbeschadet der poe-
tischen Idee — der Bravour des Spielers eine erste und
glänzendste Stelle einräumte, so scheinen seine Sonaten
vielmehr um ihrer, oder seiner selbst willen geschaffen zu
sein. Von Brillanz wissen die meisten derselben nichts; sie
strahlen mehr nach innen, denn nach außen, sie erwärmen
mehr, als daß sie glänzten. Von unergründlicher Tiefe
und Gedankenfülle geben sie den unmittelbarsten Ausfluß
seines Innern, das lautere Spiegelbild der reichen Welt,
die ihm Geist und Gemüth erfüllt. Hier wendet er sich
nicht an das Publicum, an einen ihm gegenüberstehenden

Zuhörerkreis; alle äußeren Rücksichten schwinden, aller blendenden Mittel begiebt er sich: es sind Selbstgespräche, in denen er sein geheimstes Denken und Fühlen laut werden läßt. Das Clavier, „das ideale Instrument", wie Marx es nennt, weil es „zur geistigen Erfüllung und Ergänzung anregt und in das Reich des Ideals weist", ist das Instrument Beethoven's, mehr als irgend eines anderen Künstlers. Zu einer bis dahin ungeahnten Macht hob er es empor und bildete seine Ausdrucksfähigkeit in wundervoller Weise aus. Ueber das von Haydn und Mozart in dieser Gattung Geleistete ging er weit hinaus; schon mit seiner ersten Sonate (op. 2) trat ein tieferer Sinn in's Leben. Selbst den bisher gebräuchlichen Rahmen sieht er sich genöthigt zu erweitern, damit er das fasse, was ihn auszudrücken verlangt, und den üblichen drei Sätzen fügt er häufig einen vierten hinzu. Später begnügt er sich wiederum oft mit zwei Sätzen, während er in jener großartigsten seiner Sonaten (op. 106) die Form in einer bis dahin unerhörten Weise ausdehnt. Auch über die technischen Mittel seiner Zeit greift er immer kühner hinaus und erhebt sich schließlich bis zu den höchsten Anforderungen modern entwickelter Fingerfertigkeit. Technik und Form, jede Kleinigkeit der Durchführung und Figurirung tritt in lebendigen Zusammenhang mit dem Gedanken des Ganzen, und es erzeugt sich jene hohe Einheit der Idee, wie sie erst Beethoven's Schöpfungen zu vollendetem Dasein bringen.

Nach Berlioz' Urtheil lassen diese Clavierwerke „Alles hinter sich, was unsere Kunst von hervorragendster Bedeutung aufzuweisen hat und dienen als Maßstab für den Entwickelungsgrad unserer musikalischen Intelligenz." Erst Beethoven's Hand hat die Sonate in ein höheres Dasein geführt, sie ihre letzte und höchste Bestimmung erreichen lassen. Er hat ihr den ewig endgültigen Stempel aufgeprägt und sie zu einer Vollkommenheit ausgebildet, daß die Nachgeborenen seitdem nur selten die Lust anwandelt, die eigene Kraft an dieser Kunstart nach ihm zu versuchen. So ist er zum Neubildner und Vollender der Sonate geworden, wie er zum Vollender der erhabensten Form der instrumentalen Kunst: der Symphonie geworden ist.

Das an künstlerischer Ausbeute für ihn besonders reiche Jahr 1800, dem das Septett (op. 20), das Oratorium „Christus am Oelberge", das dritte Clavierconcert, die Streichquartette op. 18, die Sonaten op. 17 und 22 und die Prometheusmusik ihre Entstehung danken, brachte auch die erste Symphonie des Meisters an die Oeffentlichkeit. In einem Concerte im Kärnthnerthor-Theater führte er sie gemeinsam mit dem Septett und dem C-dur Concert zum ersten Male auf. Die Mozart'sche Verwandtschaft, die Einfachheit der Form, der Instrumentation und des harmonischen Gewebes, die dieselbe von den späteren gleichartigen Schöpfungen des Künstlers unterscheiden, gewannen ihr beim Publicum schnellen Eingang und die Stimme der

Kritik lautete günstig: „Viel Kunst, Neuheit und Reichthum
an Ideen." Ein anderer Recensent freilich bezeichnet die
Symphonie sammt den ersten Trios als confuse Explosio-
nen dreisten Uebermuths eines jungen Mannes von Talent,
und ebenso unsanft hatte die Kritik seine früheren Werke
angegriffen. Bei Besprechung einer Variationencomposi-
tion z. B. zog man die Frage ernstlich in Zweifel, ob Beethoven „ein ebenso glücklicher Tonsetzer als fertiger Clavierspieler" sei; bezüglich seiner jugendlich frischen Violinsonaten op. 12 aber bezüchtigte man ihn der „Bizarrerie und
Unnatur, des Mangels an Gesang und guter Methode"
u. s. w., um ihm schließlich den Rath zu geben, „sich mehr
selbst zu verleugnen und den Gang der Natur einzuschlagen,
damit er bei seinem Talent und Fleiß uns recht viel Gutes
für sein Instrument liefere."

Das Populärste unter den Erzeugnissen dieses Jahres
ist ohne Zweifel das Septett, das, nächst den Sonaten
pathétique und As-dur, wol auch Cis-moll, überhaupt zu
den bekanntesten und beliebtesten Schöpfungen des Meisters gehört, und im vierhändigen Clavierarrangement nicht
nur das Vergnügen jedes Dilettanten bildet, sondern ihn
auch in das Wesen Beethoven'scher Tonpoesie zuerst ein-
zuführen pflegt. Doch erst in die Vorhallen, treten wir
hier, noch nicht in das Allerheiligste des Kunsttempels den
Beethoven sich auferbaut. Von der wahren Größe des
Meisters, wie er einsam und riesenhaft über Mit- und Nach-

welt sich erhebt und über die, so ihm vorangegangen, ohne je seines Gleichen zu finden, giebt uns das Septett, bei all seiner harmonischen Schönheit und Jugendfrische, ebensowenig einen Begriff, als das von ihm selbst als eine verfehlte Arbeit verurtheilte einzige Oratorium, das er geschrieben; ebensowenig auch, als alle seine derzeitigen Arbeiten. Noch sehen wir ihn unter dem Einfluß der Vorgänger, deren Größe erst die seine vorbereitete und bedingte; noch tragen seine Werke, trotz ihres ausgeprägt classischen Charakters, nicht die specifisch Beethoven'sche Physiognomie. Nur ab und zu, wie in dem ersten der Quartette op. 18 (F-dur) und im Finale des letzten (B-dur: „la malinconia"), tritt eine individuellere Färbung hervor. Erst die im Verlauf der nächsten Jahre zu Tage kommenden Werke zeigen ihn ganz Er selbst geworden, und mit der vorgedachten gewaltigen Erschütterung seines Herzens geht das Aufblühen seiner künstlerischen Individualität Hand in Hand. Aus den dieser Zeit entstammenden Sonaten (op. 26, 27 und 28), wie aus den ihr unmittelbar folgenden (op. 31) schaut uns der echte Beethoven entgegen.

Immer beseelter klingen seine Töne, immer mehr erheben sie sich über den freundlichen Reiz sinnlichen Wohlklangs in die höhere Sphäre der Idee. Voll des Bedürfnisses, über die unbestimmten Regungen hinaus, zu bewußtem Ausdruck zu gelangen, macht er in recitativisch freier Rede dem inneren Drange Luft. Bestimmte Bilder und

Vorstellungen, Selbsterlebtes, nicht mehr nur dunkle Gefühle sind es, die seine Phantasie nun tönend ausgestaltet
und sein Schaffen mit einem bewußteren Inhalt füllen, als
dasjenige irgend eines Meisters vor ihm. Aus seiner Jugend schon wird uns erzählt, daß ihm die Vorliebe und
Begabung eigen gewesen, den Charakter bekannter Personen in Tönen zu schildern. Dieser Trieb sollte sich nun
entwickeln. Wir wissen z. B. durch Schindler und Czerny,
daß Shakespeare's Sturm zu den Sonaten in D-moll
(op. 31) und F-moll (op. 57), die Grabesscene aus Romeo
und Julie zum Adagio des F-dur-Quartetts (op. 18), der
Anblick des gestirnten Himmels zum Adagio des gleichartigen Werkes in E-moll (op. 59) die Anregung gegeben
haben soll. Leider sind Beethoven's eigene Andeutungen
hierüber nur sehr sparsam, und seine Absicht, bei der im
Jahre 1816 in Frage kommenden Gesammtausgabe seiner
Clavierwerke, die verschiedenen derselben innewohnende
„poetische Idee" anzugeben, ist frommer Wunsch geblieben.

Von gleichzeitigen (d. i. den Jahren 1801 und 2 an-
gehörenden) hervorragenden Werken ist noch einer Reihe
Sonaten für Violine und Piano, des Quintetts op. 29,
der beliebten Serenade op. 25 und der zweiten Symphonie
Erwähnung zu thun. Die Letztere verdankt ihr Dasein,
einem Sommeraufenthalt in Heiligenstadt bei Wien dahin
sich Beethoven nach einer bedeutenden Krankheit, wie

Schindler erzählt (es war nach der Trennung von seiner
Giulietta), zurückgezogen hatte. Von der Leidenschaft ge=
tränkter Liebe und dem finsteren Schmerz erlittener Täu=
schung zwar hören wir nichts heraus aus diesen froh=
bewegten Klängen, die eher von Glück als Leid des Her=
zens zu wissen scheinen. Licht und Sonnenschein athmen
die Bilder, die er uns vor die Sinne zaubert, in ungetrüb=
ter Klarheit und völliger Unschuld noch scheint die Welt
vor seinen Blicken zu liegen, und nirgends kommt uns die
Ahnung, daß er selber hinabgetaucht sei in den Abgrund
der Schmerzen. Wunderbar fürwahr gemahnt uns die
Abstractionskraft seines Geistes, die seinen Genius lächeln
ließ, während sein Herz in Thränen stand. Wie es aber
gerade dazumal, wo noch zu alledem ein seit dem Jahre
1796 fühlbar werdendes Gehörleiden seine zunehmende
Besorgniß erregte, um seinen Gemüthszustand bestellt war,
das offenbart uns ein Schriftstück, das man, vom 6. Oc=
tober 1802 aus Heiligenstadt datirt, nach seinem Tode
vorfand: sein für seine Brüder Carl und Johann bestimm=
tes Testament. Es lautet also:

„O ihr Menschen, die ihr mich für feindselig, störrisch
oder misantropisch haltet oder erkläret, wie unrecht thut
ihr mir, ihr wißt nicht die geheime Ursache von dem, was
euch so scheint! Mein Herz und mein Sinn waren von
Kindheit an für das zarte Gefühl des Wohlwollens. Selbst
große Handlungen zu verrichten, dazu war ich immer auf=

gelegt. Aber bedenkt nur, daß seit sechs Jahren ein heil=
loser Zustand mich befallen, durch unvernünftige Aerzte ver=
schlimmert, von Jahr zu Jahr in der Hoffnung gebessert zu
werden betrogen, endlich zu dem Ueberblick eines dauern=
den Uebels (dessen Heilung vielleicht Jahre dauern
oder gar unmöglich ist) gezwungen. Mit einem feurigen
lebhaften Temperamente geboren, selbst empfänglich für
die Zerstreuungen der Gesellschaft, mußte ich früh mich ab=
sondern, einsam mein Leben zubringen; wollte ich auch zu=
weilen mich einmal über alles das hinaussetzen, o wie hart
wurde ich durch die verdoppelte traurige Erfahrung meines
schlechten Gehörs dann zurückgestoßen, und doch war's mir
noch nicht möglich, den Menschen zu sagen: sprecht lauter,
schreit, denn ich bin taub! Ach wie wäre es möglich, daß ich
die Schwäche eines Sinnes angeben sollte, der bei mir in
einem vollkommenern Grade als bei Andern sein sollte, einen
Sinn, den ich einst in der größten Vollkommenheit besaß, in
einer Vollkommenheit, wie ihn wenige von meinem Fache ge=
wiß haben noch gehabt haben! — O ich kann es nicht! — Drum
verzeiht, wenn ihr mich da zurückweichen sehen werdet, wo
ich mich gerne unter euch mischte. Doppelt wehe thut mir
mein Unglück, indem ich dabei verkannt werden muß. Für
mich darf Erholung in menschlicher Gesellschaft, feineren
Unterredungen, wechselseitigen Ergießungen nicht Statt ha=
ben. Ganz allein fast, und so viel als es die höchste Noth=
wendigkeit fordert, darf ich mich in Gesellschaft einlassen.

Wie ein Verbannter muß ich leben. Nahe ich mich einer Gesellschaft, so überfällt mich eine heiße Aengstlichkeit, indem ich befürchte, in Gefahr gesetzt zu werden, meinen Zustand merken zu lassen. — So war es denn auch dieses halbe Jahr, was ich auf dem Lande zubrachte. Von meinem vernünftigen Arzte aufgefordert, so viel als möglich mein Gehör zu schonen, kam er fast meiner jetzigen natürlichen Disposition entgegen, obschon, vom Triebe zur Gesellschaft manchmal hingerissen, ich mich dazu verleiten ließ. Aber welche Demüthigung, wenn Jemand neben mir stand, und von weitem eine Flöte hörte und ich nichts hörte, oder Jemand den Hirten singen hörte und ich auch nichts hörte! Solche Ereignisse brachten mich nahe an Verzweiflung, es fehlte wenig, und ich endigte selbst mein Leben. — Nur sie, die Kunst, sie hielt mich zurück! Ach es dünkte mir unmöglich, die Welt eher zu verlassen, bis ich das alles hervorgebracht, wozu ich mich aufgelegt fühlte. Und so fristete ich dieses elende Leben, so wahrhaft elend, daß mich eine etwas schnelle Veränderung aus dem besten Zustande in den schlechtesten versetzen kann. — Geduld — so heißt es, sie muß ich nun zur Führerin wählen! Ich habe es. — Dauernd, hoffe ich, soll mein Entschluß sein, auszuharren, bis es den unerbittlichen Parzen gefällt, den Faden zu brechen. Vielleicht geht es besser, vielleicht nicht. Ich bin gefaßt. — Schon in meinem 28. Jahre gezwungen Philosoph zu werden. Es ist nicht leicht, für den Künstler

schwerer als für irgend Jemand. — Gottheit, du siehst
herab auf mein Inneres, du kennst es, du weißt, daß Men-
schenliebe und Neigung zum Wohlthun darin hausen! O
Menschen, wenn ihr einst dieses leset, so denkt, daß ihr mir
unrecht gethan, und der Unglückliche, er tröste sich einen
seines Gleichen zu finden, der trotz allen Hindernissen der
Natur doch noch Alles gethan, was in seinem Vermögen
stand, um in die Reihe würdiger Künstler und Menschen
aufgenommen zu werden. — Ihr meine Brüder Carl und
. . . . —*) sobald ich todt bin, und Professor Schmidt lebt
noch, so bittet ihn in meinem Namen, daß er meine Krankheit beschreibe, und dieses hier geschriebene Blatt füget ihr
dieser meiner Krankengeschichte bei, damit wenigstens so viel
als möglich die Welt nach meinem Tode mit mir versöhnt
werde. — Zugleich erkläre ich euch Beide hier für die Er-
ben des kleinen Vermögens (wenn man es so nennen kann)
von mir. Theilet es redlich, und vertragt und helft euch
einander. Was ihr mir zuwider gethan, das wißt ihr, war
euch schon längst verziehen. Dir Bruder Carl danke ich
noch insbesondre für deine in dieser letztern Zeit mir be-
wiesene Anhänglichkeit. Mein Wunsch ist, daß euch ein
besseres, sorgenloseres Leben als mir werde. Empfehlt
euren Kindern Tugend; sie nur allein kann glücklich machen,
nicht Geld. Ich spreche aus Erfahrung. Sie war es, die

---

*) Beethoven grollte seinem Bruder Johann so sehr, daß er sich
nicht überwinden konnte, seinen Namen zu nennen.

mich selbst im Elende gehoben; ihr danke ich nebst meiner Kunst, daß ich durch keinen Selbstmord mein Leben endigte. — Lebt wohl und liebet euch! — Allen Freunden danke ich, besonders Fürst Lichnowsky und Professor Schmidt. — Die Instrumente von Fürst L. wünsche ich, daß sie doch mögen aufbewahrt werden bei einem von euch; doch ent= stehe deswegen kein Streit unter euch. Sobald sie euch aber zu etwas Nützlicherem dienen können, so verkauft sie nur. Wie froh bin ich, wenn ich auch noch im Grabe euch nützen kann. So wär's geschehen: — Mit Freuden eile ich dem Tode entgegen. Kommt er früher, als ich Ge= legenheit gehabt habe, noch alle meine Kunstfähigkeiten zu entfalten, so wird er mir, trotz meinem harten Schicksale doch noch zu früh kommen, und ich würde ihn wohl später wünschen; — doch auch dann bin ich zufrieden, befreit er mich nicht von einem endlosen leidenden Zustande? — Komm', wann du willst, ich gehe Dir muthig entgegen. Lebt wohl, und vergeßt mich nicht ganz im Tode, ich habe es um euch verdient, indem ich in meinem Leben oft an euch gedacht, euch glücklich zu machen; seid es!"

Darauf folgt die Nachschrift:

„So nehme ich denn Abschied von dir — und zwar traurig. — Ja die geliebte Hoffnung, die ich mit hierher nahm, wenigstens bis zu einem gewissen Puncte geheilet zu sein, sie muß mich nun gänzlich verlassen. Wie die Blät= ter des Herbstes herabfallen, gewelkt sind, so ist auch sie für mich dürre geworden. Fast wie ich hierher kam, gehe ich fort: selbst der hohe Muth, der mich oft in den schönen Sommertagen beseelte, er ist verschwunden. O Vorsehung, laß einmal einen Tag der Freude mir erscheinen! So lange schon ist der wahren Freude inniger Wiederhall mir fremd. Wann, o wann, o Gottheit! kann ich im Tempel der Natur und der Menschen ihn wieder fühlen? — Nie? — nein es wäre zu hart!"

Nicht zum ersten Mal ringt sich die Klage über die schwindende Gehörkraft aus dem gepreßten Herzen los; nicht zum ersten Mal giebt er der peinvollen Furcht vor dem drohenden Gespenst der Taubheit Ausdruck. Vertrauten Freunden hat er's bekannt, was er sich selber kaum zu gestehen wagt: das Gebrechen, dessen er sich schämt und das ihm, dem Musiker, zum zwiefachen Unheil wird. Jahrelang hat er's schweigend getragen. Erst im Juni 1800 entdeckt er sich Wegeler, nicht ohne ihm strengste Geheimhaltung zur Pflicht zu machen. „Ich kann sagen, ich bringe mein Leben elend zu;" heißt es in dem betreffenden Briefe. „Um Dir einen Begriff von dieser wunderbaren Taubheit zu geben, so sage ich Dir, daß ich mich im Theater ganz dicht am Orchester anlehnen muß, um den Schauspieler zu verstehen. Die hohen Töne von Instrumenten, Singstimmen, wenn ich etwas weit weg bin, höre ich nicht; im Sprechen ist es zu verwundern, daß es Leute giebt, die es niemals merkten: da ich meistens Zerstreuungen hatte, so hält man es dafür. ... Ich habe schon oft — mein

Dasein verflucht: Plutarch hat mich zu der Resignation ge=
führt. Ich will, wenn's anders möglich ist, meinem Schick=
sale trotzen, obschon es Augenblicke meines Lebens geben
wird, wo ich das unglücklichste Geschöpf Gottes sein werde.
... Resignation! welches elende Zufluchtsmittel, und mir
bleibt es doch das einzig übrige!"

Im November desselben Jahres schreibt er demselben
Freund etwas trostreicher; die aufkeimende Liebe zu Giu=
lietta erfüllt ihn mit Muth und frischem Hoffen. „Ich will
dem Schicksal in den Rachen greifen; ganz niederbeugen
soll es mich gewiß nicht. — O es ist so schön, das Leben
tausendmal leben! — Für ein stilles Leben, nein, ich fühl's,
ich bin nicht mehr dafür gemacht! — ... Nichts von Ruhe!
— ich weiß von keiner andern als dem Schlaf, und wehe
genug thut mir's, daß ich ihm jetzt mehr schenken muß als
sonst".... „Für mich," sagt er an selber Stelle, „giebt es
kein größeres Vergnügen, als meine Kunst zu treiben und
zu zeigen." Und: „Jeden Tag gelange ich mehr zum Ziel,
was ich fühle, aber nicht beschreiben kann. Nur hierin
kann Dein Beethoven leben."

In seiner Kunst also suchte er Vergessen für das, was
sein Gemüth beschwerte, Ersatz für die wachsende Verein=
samung seines äußeren Lebens. Und wohl ward es still
und stiller um ihn, bis endlich die ganze Welt für ihn ver=
stummte und die Kunst, klanglos, körperlos, nur noch als
Gewißheit in seiner Seele lebte. An die Stelle mündlichen

Gedankenaustausches trat nun, wie die uns aufbewahrten Conversationshefte nachweisen, allmälig schriftliche Unterhaltung. Wer mag sagen, was er gelitten, als er, der die Menschen liebte, innig, brüderlich, sich abgesperrt sah durch eine unübersteigliche Schranke von ihrer Gemeinschaft, verschlossen für „das beglückende Spiel der Kunst," die Inhalt und Zweck seines Daseins war? Mißtrauen und Argwohn, der Taubheit traurige Gefährten, ergriffen das sonst so arglose Herz und machten ihn, den Liebreichen, unerschütterlich Treuen, ungerecht gegen seine Freunde, heftig bis zur Raserei. Häufige Zerwürfnisse und ein gleiches Uebermaß von Reue seinerseits waren die natürlichen Folgen dessen. „Sie glauben nicht", schreibt sein Jugendfreund Stephan von Breuning, der sich nach Wien gewandt hatte, im November 1806 an Wegeler, „welchen unbeschreiblichen Eindruck die Abnahme seines Gehörs auf Beethoven gemacht hat. Denken Sie sich das Gefühl, unglücklich zu sein, bei seinem heftigen Charakter; dabei Verschlossenheit, Mißtrauen oft gegen seine besten Freunde, in vielen Dingen Unentschlossenheit. Größtentheils nur mit wenig Ausnahmen, wo sich sein ursprünglich Gefühl ganz frei äußert, ist der Umgang mit ihm eine wirkliche Anstrengung, da man sich nie sich selbst überlassen kann."

Oft faßt ihn Verzweiflung an und führt ihm mehr denn einmal den Gedanken zurück, sein qualvolles Leben eigenmächtig zu enden. „Hätte ich nicht irgendwo gelesen,

der Mensch dürfe nicht freiwillig scheiden von seinem Leben,
so lange er noch eine gute That verrichten kann, längst
wär ich nicht mehr — und zwar durch mich selbst. — O
so schön ist das Leben, aber bei mir ist es für immer ver-
giftet." — So klagt er dem Freunde, dem er sein Herz
am rückhaltlosesten öffnete. Doch die Hoffnung läßt ihn
nicht. „Die Hoffnung nährt mich," schreibt er später Bet-
tinen, „sie nährt ja die halbe Welt, und ich habe sie mein
Lebtag zur Nachbarin gehabt, was wäre sonst mit mir geworden!"

Seine Kunst aber ist die milde Trösterin, die ihn versöhnt mit dem unsäglichen Elend, das das Schicksal über
ihn verhängt. In dem Maße als er der Außenwelt ent-
fremdet, wird er heimisch in ihr; in dem Maße als diese
für ihn verstummt, belebt sich sein Inneres mit einer Fülle
neuer Gestalten, einem unversieglichen Reichthum an Schöp-
ferkraft. In solcher Stimmung schafft er seine frommen
Gellert'schen Lieder, seine berühmte „Kreuzer-Sonate", die
großen Pianoforte-Sonaten C-dur und F-moll (op. 53
und 57, „appassionata"), das Tripelconcert und — die
Eroica. Ueber die Entstehung der Letzteren sind wir, Dank
Ries und Schindler, genau unterrichtet. Sie geben an,
daß Beethoven durch Bernadotte, der als französischer Ge-
sandter in Wien mit dem von ihm verehrten Meister in
Verkehr trat, die Anregung empfing, Napoleon Buonaparte eine musikalische Huldigung darzubringen. Die Hel-

dengestalt des ersten Consuls erfüllte ihn, der den Erschei-
nungen und Bewegungen seiner Zeit voll regen Antheils
zu folgen pflegte, mit enthusiastischer Bewunderung. Lebte
er doch in seiner Weltunkunde des festen Glaubens, daß
Napoleon nach platonischen Grundsätzen Frankreich republi-
kanisiren und somit eine allgemeine Weltbeglückung anbah-
nen werde.

Im August 1804 ward das Werk beendet. Auf das
Titelblatt der Partitur schrieb der Componist mit eigner
Hand das Wort: Buonaparte, darunter seinen Namen.
Kein Wort mehr, erzählt Ries. Eben sollte das Werk
durch Vermittelung der französischen Gesandtschaft nach
Paris abgehen, als in Wien die Botschaft eintraf, Napoleon habe sich zum Kaiser erklärt. Ries selbst überbrachte
seinem Meister die Nachricht, worauf er, wie er schreibt,
„in Wuth gerieth“ und das Titelblatt zerriß. Lange währte
es, ehe Beethoven sich dazu bewegen ließ, dem Fürsten
Lobkowitz die Composition auf einige Jahre zur Benutzung
zu überlassen; sie ward in dessen Palast auch mehrmals
aufgeführt und endlich herausgegeben. Unter dem Titel:
„Sinfonia eroica, composta per festeggiare il soovenire di
un grand'uomo“ gelangte sie an die Oeffentlichkeit. Von
Napoleon war keine Rede mehr; er gehörte für Beethoven
eben nur noch der „Erinnerung“ an. Verzeihen konnte er
ihm nie, daß auch er „nichts anders gewesen war, wie ein
gewöhnlicher Mensch!“ Selbst die Nachricht von dem Tode

des Gefangenen auf St. Helena entlockte ihm nur die sar=
kastische Aeußerung: er habe zu dieser Katastrophe bereits
die passende Musik componirt, damit auf den Trauermarsch
in der Symphonie hindeutend.

Dies Werk war indessen bestimmt, einen Wendepunkt
zu bilden im Leben unsres Meisters, wie in der Kunst
überhaupt. Mit ihm trat zum ersten Mal die Erscheinung
in's Leben, daß eine Schöpfung der reinen Instrumental=
musik sich zu einem besonderen Inhalt bekannte, sich selbst=
ständig erhob über die Sphäre unbestimmten Gefühls in
die eines bestimmten Bewußtseins, den Beweis liefernd,
daß das Reich der Töne unbegrenzter sei, als das der
Empfindung, daß es auch Ideen zu umschließen und zu
verlebendigen vermöge. An die Stelle des alten fröhlichen
Spiels mit Tönen setzt sich nun ein ernstes Dichten in
Tönen, und die bisherige Naivetät des Schaffens wandelt
sich in bewußte Gedankenarbeit. Beethoven ist der erste
eigentliche Tondichter; er war auch ein tiefsinniger Denker
zugleich. Was er, wie schon erwähnt, in der Sonate voll=
brachte, wozu die Cis-moll Sonate den Vorläufer bildet,
das Poetisiren und Individualisiren des Stoffs, wenn wir
so sagen dürfen, das vollzog er auch in der höchsten Gat=
tung der Instrumentalmusik: in der Symphonie. Dieser
bestimmte Charakter der Eroica ist meisterlich festgehalten
vom ersten bis zum letzten Ton. Sie ist ein echtes Helden=
gedicht, und aus der Lyrik der ersten Symphonien heraus

5*

sind wir mit ihr in das Epos, ja in das instrumentale Drama getreten.

Daß ein so neuer großer Inhalt auch eines entsprechenden Gefäßes bedurfte, liegt auf der Hand; demgemäß ist denn auch die Architectonik des Ganzen eine imposante, in großartigen Verhältnissen angelegte. Die Rhythmik, in deren Behandlung Beethoven eine so bewundernswerthe Mannigfaltigkeit offenbart, ist, vornehmlich vermittelst Anwendung von Syncopen und Betonung der schlechten Takttheile, von frappanter Wirkung; die Harmonik von einer bisher noch nicht dagewesenen Kühnheit. Wir erinnern nur an die bekannte Dissonanz in der Mitte des zweiten Theils im ersten Satz, oder an den Horneintritt mit dem Hauptthema auf dem Geigentremolo b-as, der Ries bei der ersten Probe zu der Aeußerung verleitete: „Das klingt ja infam falsch!" und ihm dafür beinah „eine Ohrfeige" vom Meister eingetragen hätte. Auch die Instrumentation ist reicher und farbenprächtiger denn bisher; die Blasinstrumente namentlich werden in größere Mitwirkung gezogen, die ganze Klangfülle erscheint mächtig gesteigert. Ein neuer interessanter Charakter ist besonders auch dem Scherzo verliehen, das Beethoven zu ganz anderer Bedeutung ausbildet.

Es begreift sich leicht, daß ein so völlig neues Werk der Kritik von Anbeginn mancherlei zu schaffen machte; wenn es auch immerhin überrascht, wie selbst ein Carl Maria von Weber (freilich in seinem 23. Jahre) diese erhabene Tondichtung als „ein musikalisches Ungeheuer und verworrenes Chaos" bezeichnen konnte.

Beethoven ging indessen unbekümmert seinen Weg, einzig der Stimme des Genius in ihm Gehör gebend, das Geschwätz kleinerer Geister ruhig verachtend. „Ich kann meine Werke nicht nach der Mode meißeln und zuschneiden, wie sie's haben wollen: das Neue und Originelle gebiert sich selbst, ohne daß man dran denkt", lautet ein Ausspruch in seinen Conversationsbüchern. Dennoch liegt die Vermuthung nahe und ist auch schon mehrfach ausgesprochen worden, daß der Mangel an Verständniß und Anerkennung, dem er begegnete, ihn zurückhielt, wenigstens ein Gebiet seiner Kunst weiter zu verfolgen, das er nur einmal und zwar als vollendeter Meister betreten: wir meinen die Oper und seinen Fidelio.

Es war im Jahre 1804, als Beethoven von dem Eigenthümer des Theaters an der Wien den Antrag erhielt, eine Oper für diese Bühne zu schreiben. Sein unlängst veröffentlichtes Oratorium hatte — so erzählt der Theaterdichter und Regisseur Treitschke — die Erwartungen erweckt, daß er, wie in der instrumentalen, so auch in der darstellenden Kunst, Großes zu leisten im Stande sei. Man wählte ein französisches Libretto, das unter dem Titel Léonore ou l'amour conjugal von Gaveaux, und nach erfolgter italienischer Uebertragung, auch von Paer in Musik gesetzt worden war, und das nun von Sonnleithner in's

Deutsche übertragen wurde. „Mit Lust und Liebe" ging
Beethoven an das Werk, das er im Sommer 1805 beendete.
Es ging am 20. November dieses Jahres in Scene; zum
Verdruß des Componisten unter dem Namen Fidelio, statt
des von ihm gewünschten ursprünglichen Titels Leonore.
Leider nur unter den ungünstigsten Verhältnissen. Wenige
Tage zuvor waren die Franzosen in Wien eingerückt, und
bildeten nun zum großen Theil das Auditorium. Der Beethoven so wohlgesinnte Adel und andre seiner Freunde hatten die Stadt verlassen; die Darstellung war mangelhaft;
die Gesangskräfte, mit Ausnahme der Milder als Leonore,
nur mäßig; das Orchester, in Folge der Schwierigkeiten,
die die Ouvertüre namentlich den Bläsern bot, mißgestimmt.
So war denn auch die Aufnahme eine eiskalte und nach
drei Vorstellungen zog der Künstler sein Werk zurück. Die
Ouvertüre hauptsächlich (die unter dem Namen der zweiten
bekannt gewordene) begegnete lebhaftestem Widerstand.
Man verurtheilte sie als unmäßig lang und verworren, und
empörte sich am meisten gegen das Trompetensolo, das
man für ein „Posthorn" nahm. Auch Cherubini, der den
ersten Aufführungen der Oper beiwohnte, behauptete, daß
er „wegen Bunterlei an Modulationen darin die Haupt-
tonart nicht zu erkennen vermocht." Seine Freunde dagegen, denen der hohe Werth dieser Schöpfung einleuchtete,
bestanden, nachdem sie den widerstrebenden Tondichter zu
allerhand Abänderungen und Kürzungen bewogen, auf einer

Wiederholung derselben. Mit einer neuen (der sogenannten dritten, großen) Ouvertüre versehen, zu zwei Acten, statt der bisherigen drei Acte, eingerichtet und mannigfach verändert, ging nun die Oper im März des darauffolgenden Jahres (1806) abermals über die Bühne. Auch diesmal ward ihr kein besserer Empfang zu Theil. Einige gleichzeitige Versuche auf Provinzialbühnen aber scheiterten ebensowohl, als die wohlmeinende Absicht des Fürsten Lichnowsky, die Königin von Preußen für das Werk seines Schützlings zu interessiren.

Der Fidelio verschwand nun nach diesem vergeblichen Wiederbelebungsversuch. Und er ruhte lange. Erst acht volle Jahre später war er bestimmt von neuem an's Licht zu treten. Als man 1814 den Inspicienten der Wiener Hofoper ein Benefiz zugestand, fiel die Wahl zu diesem Ende auf Beethoven's Oper. Er überließ sie zur Aufführung, nicht ohne sie zuvor einer nochmaligen Ueberarbeitung zu unterwerfen. Auf seinen Wunsch übernahm der genannte Treitschke die nöthigen Verbesserungen des mangelhaften Textbuchs. Er selbst schrieb — obwohl er inzwischen, (1807—8) wie Nottebohm unlängst nachgewiesen, die früher als erste betrachtete Ouvertüre (op. 138) componirt — eine vierte Ouvertüre (E-dur), das Melodram in der Kerkerscene, das Recitativ zu Leonorens, das Allegro zu Florestans Arie und die beiden Finale zum großen Theil neu; unbedeutenderer Umwandlungen ganz zu geschweigen. In dieser neuen Gestalt war es dem herrlichen Werk bei seinem Erscheinen im Kärthnerthor-Theater, im Mai 1814, endlich vergönnt, sich den Beifall des Publicums zu gewinnen. Jetzt endlich ward es nach seinem Werth gewürdigt und begann nun seinen Ruhmeslauf über alle Bühnen Deutschlands, bis nach London und Paris. Die einst kühl zurückgewiesene Tonschöpfung entzündete nun tausend und abertausend Herzen: sie ward zum Liebling der deutschen Nation, bestimmt eine der obersten Stellen in der Reihe ihrer unsterblichen Meisterwerke einzunehmen. Deutscher als der Fidelio ist keine Oper, von allen die wir besitzen, auch Mozart's Opern nicht. Mögen diese universeller sein, mit südlicherer Grazie, blühenderer Lebensheiterkeit, sinnlicheren Reizen ausgestattet: deutscher bleibt der Fidelio. Schon der Stoff, der ernstsittliche Vorgang, den dieser behandelt, steht unsern Sympathien näher, als die Gestalten des Don Juan, von dem ein Beethoven sagte: „nie sollte sich die heilige Kunst zur Folie eines so scandalösen Sujets entwürdigen lassen:" näher auch, als die naive Märchenwelt der Zauberflöte, die Beethoven als Mozart's größtes Werk erklärte, weil er sich hier als „deutscher Meister" zeige. Die Apotheose der Weiblichkeit, wie sie der Fidelio in unvergänglicher Schönheit repräsentirt und wie sie gerade von Beethoven's Hand gezeichnet unendlich rührend zu unserm Herzen spricht, sie ist eben ein urdeutscher Gedanke: sie bildet auch die Grundidee der Schöpfungen des deutschesten Meisters der Gegenwart.

Ob Beethoven aber auch, seiner Art und Natur getreu, andern Idealen als sein großer Vorgänger folgte, in seinen dramatischen Principien steht er doch mit ihm auf gleichem Boden. Auch ihm steht die Musik in erster, das Drama erst in zweiter Linie, und nicht wie Gluck, und vielleicht heutigen Tags Richard Wagner, bittet er die Vorsehung: „Laß mich vergessen, daß ich Musiker bin!" Er war viel zu sehr specifischer Musiker um das zu können, oder nur zu wollen; darum ist es wohl möglich, daß in dramatischer Beziehung ein Schritt über den Fidelio hinaus noch gedacht werden kann: der rein musikalische Werth desselben aber wird schlechterdings nicht zu übertreffen sein, und der Ehrenplatz als Herrscherin im Reich der Oper wird ihm unbestritten bleiben, so lange nicht ein zweiter Beethoven aufersteht.

Was den großen Meister dazu bestimmte, von einem weiteren Betreten der Bühne für immer abzusehen und seine höchste Mission in der Ausbildung der Instrumentalmusik allein zu suchen, ob innerster Beruf ihn eben hierzu geführt und die gemachten bitteren Erfahrungen ihm jenes verleitet; ob er, gewöhnt, seiner Phantasie den freiesten Spielraum zu gewähren, sich den Schranken ungern fügte, die ihm Text und scenische Rücksichten auferlegten, wer mag es erklären? Genug, es blieb bei dieser einen und einzigen That im Gebiet des musikalischen Dramas. Zwar wollte er sich einmal verbindlich machen, der Theaterdirection jährlich eine große Oper zu schreiben; auch vom Generalintendanten des Ber-

liner Hoftheaters, Graf Brühl, und Barbaja, dem italienischen Impresario, erhielt er noch später Anträge; mit Col-
lin, Theodor Körner, Treitschke und Grillparzer trat er bezüglich der Textbücher schon in Unterhandlung: doch keiner
von all' diesen Plänen kam jemals zur Ausführung.

Otto Jahn erzählt, daß er auch einmal auf den Gedanken gekommen, eine italienische Oper zu schreiben. Zur Vor-
bereitung auf dieselbe wollte er sich in Geist und Art italienischer Kunst einleben und zugleich „eine Schule der Beschränkung auf die harmloseste Einfachheit des musikalischen Ausdrucks und leichte Sangbarkeit durchmachen." Zu diesem
Zweck lieh er sich (1814) Metastasios Werke und componirte
eine Anzahl seiner anmuthigen Strophen für zwei, drei
oder vier Stimmen ohne Begleitung. Nach dem Urtheil
Jahn's, der in diese ungedruckten kleinen Lieder Einblick
genommen, zeigen dieselben „eine durchgehende Einfalt und
Einfachheit, wie man sie Beethoven gar nicht zutrauen
möchte: auch würde man trotz mancher eigenthümlicher und
reizender Wendungen, welche in diesen vorzugsweise auf
Wohlklang berechneten Gesängen hervortreten, schwerlich
Beethoven in ihnen erkennen." Wohl trat unser Künstler
auch später noch mit seiner Musik zu Göthe's Egmont
(op. 84), den Ruinen von Athen (op. 113) und König
Stephan (op. 117), — welche Letztere, mit Kotzebue'schem
Text, zur Eröffnung des neuen Theaters in Pesth 1812
aufgeführt wurden — mit der Bühne in Verbindung; doch

geschah dies, der Natur seiner Aufgabe nach, mehr in der Rolle eines musikalischen Illustrators als eines Dramatikers.

Fällt mitten in die Entstehungszeit des Fidelio oder der Leonore, wie Beethoven selbst seine Oper nannte, die Composition des poesiereichen G-dur-Concerts (op. 58), das mehr einen Dichter als einen Virtuosen zum Interpreten verlangt, so haben die nächstfolgenden zwei Jahre die Symphonien in B-dur und C-moll, das unvergleichliche Violinconcert, die 3 Streichquartette op. 59, und die glanz- und machtvolle Coriolan-Ouvertüre als bedeutendste Ergebnisse aufzuweisen. Die erstgenannte (die Robert Schumann, ob ihrer vollendeten Formverhältnisse, die „griechisch-schlanke" nannte) hat mit der später geschriebenen F-dur-Symphonie den Licht und Freude athmenden Grundzug gemein, dagegen trägt die C-moll-Symphonie (wol die verbreitetste von allen) einen durchaus erhabenen Charakter. Beethoven selbst erklärte das erste Motiv des ersten Satzes: „So klopft das Schicksal an die Pforte!" Der Kampf mit dem Schicksal und der endliche Sieg scheint, wenn auch in Worten nicht ausgesprochen, der Inhalt dieser grandiosen Tonschöpfung zu sein. Vom heftig bewegten ersten Satz, dem frommen Andante, dem Allegro, das an die Stelle des Scherzo tritt, bis zur geheimnißvollen Ueberleitung in den Triumphgesang des Finale entwickelt sich eine Steigerung, wie sie nur von derjenigen der neunten Symphonie überboten werden konnte.

Wesentlich verschiedene Stimmungen und Anlässe

gaben dem Werk die Entstehung, welches im December
1808 unter persönlicher Leitung des Componisten den Wie-
nern zum ersten Mal vorgeführt ward: der Pastoral-Symphonie. Landleben, Naturleben ist ihr Inhalt, und seiner
innigen Liebe zur Natur giebt dieselbe Ausdruck. Die Bilder und Vorstellungen, die ihn beim Schaffen geleitet, bezeichnet er hier, wie bekannt, durch Ueberschriften („Erwachen
heiterer Empfindungen bei der Ankunft auf dem Lande" 2c.),
die er den einzelnen Sätzen gab, um damit dem schnelleren
Verständniß des Hörers zu Hülfe zu kommen. Er begnügte
sich hier nicht, wie bei der Eroica, nur mit Andeutung des
Inhalts durch eine allgemeine Aufschrift; sondern er zog es
vor, denselben Satz für Satz zu specialisiren, und gab uns
somit das epochemachende Erstlingswerk auf dem Gebiet
der „Programmmusik", wie sie in neuester Zeit in Berlioz
und Liszt ihre vornehmsten Vertreter gefunden. Blos
äußerliche Schilderei, mechanische Nachbildung der Natur soll
man bei einem Beethoven, dem innerlichsten Kunstinterpreten,
selbstverständlich nicht suchen, der selber, gegenüber der
Malerei Haydn's in der Schöpfung und den Jahreszeiten,
sich eines leisen Spottes nicht enthalten konnte. Auch verwahrt er sich selbst gegen etwaigen Mißverstand, indem er
auf dem Concertprogramm unter der Ueberschrift der Symphonie bemerkt: „Mehr Ausdruck der Empfindung, als
Malerei." Dessenungeachtet mußte er, besonders um des
zweiten Satzes willen, dem Vorwurf der „Spielerei" nicht

selten begegnen; in Leipzig schlug man sogar die Benen=
nung: „Phantasien eines Tonkünstlers" anstatt Symphonie
als die passendere vor.

Durch Schindler erfahren wir, daß dies herrliche Na=
turgedicht während des Meisters Sommeraufenthalt (1808)
in Heiligenstadt geboren ward. Dort zeigte ihm Beethoven
fünfzehn Jahre später noch die Stelle, wo die „Scene am
Bach" entstanden und „die Goldammern da oben, die Wach=
teln, Nachtigallen und Kukuke ringsum", nach seinen Worten,
„mit componirten." Er componirte vorzugsweise gern im
Freien. Die Natur bot ihm unerschöpfliche Anregung;
darum brachte er auch den Sommer stets auf dem Lande
zu, in einem der freundlichen, reizend gelegenen Dörfer,
die Wien nach allen Himmelsgegenden umgeben. „Kein
Mensch," so hören wir ihn selbst, „kann das Land so lieben
wie ich. Geben doch Wälder, Bäume, Felsen den Wieder=
hall, den der Mensch wünscht." Das weite Stromthal der
Donau, die gesegneten Fluren und Weingärten, die schatti=
gen Höhen und Thäler des Wiener Waldes haben ihn oft
umherstreifen sehen und belauschen können, wie er über
seinen unsterblichen Melodien sann. Lange trug er meist
seine Gedanken mit sich herum und ließ sie erst zur völligen
Reife kommen, ehe die dann um so raschere Aufzeichnung
derselben erfolgte. Selbst im Winter versäumte er nie den
täglichen, mehrstündigen Spaziergang; weder Frost noch
Hitze, weder Sturm noch Regen mochten ihn davon zurück=

halten. Vom Tagesanbruch bis zum Nachmittag war er zu jeder Jahreszeit ununterbrochen thätig. „Nulla dies sine linea" war sein Wahlspruch. Mitten im Arbeiten aber trieb es ihn oft hinaus, um seine Gedanken fortzuspinnen und innerlich weiter zu schaffen. Eine seltsame Ruhelosigkeit war ihm eigen und steht mit der Plastik seines Gestaltens in wunderlichem Widerspruch. Nie litt es ihn lange in einer Wohnung. Er wechselte häufig und suchte nicht selten dasselbe Quartier wieder auf, das er kurz zuvor verlassen. Einmal geschah es sogar, daß er vier Wohnungen zu gleicher Zeit inne hatte und bezahlte. Seinen finanziellen Verhältnissen frommte solche Gewohnheit freilich wenig. Haushälterische Talente waren ihm ohnehin nicht gegeben; drum war seine Junggesellenwirthschaft nicht eben wohlbestellt. Auch als seine Brüder die Fürsorge für dieselbe übernahmen, kam der Vortheil mehr diesen als ihm zu Gute. So kam es, daß er, trotz keineswegs karger Einnahmen, nimmer Schätze sammelte, daß er selbst zuweilen in peinliche Verlegenheit und äußere Bedrängniß gerieth. Stets bewahrheitete er, was er einmal an Ries geschrieben: „Keiner meiner Freunde darf darben, so lange ich etwas hab'" und höchste Freude war es ihm „seine Kunst zum Besten der Armen zu zeigen." „Wie groß auch Beethoven's Kunst war, so übertraf sie doch sein Herz;" mit diesen Worten charakterisirt Schlosser den Menschen Beethoven.

Als ein glückliches Ereigniß durfte der Künstler es

unter solchen Umständen betrachten, als im Jahre 1809
der König von Westphalen den Ruf an ihn ergehen ließ,
als Capellmeister in seine Dienste zu treten. Für einen
damals ziemlich ansehnlichen jährlichen Gehalt von 600
Dukaten sollte er sich einzig zur Direction der Kammer-
concerte verpflichten, seine Thätigkeit im übrigen völlig
unbeschränkt bleiben. Beethoven schien nicht abgeneigt,
einer Berufung zu folgen, die ihm eine gesicherte Existenz
und hinreichende Muße bot, „dem wichtigsten Zweck seiner
Kunst, große Werke zu schreiben, ganz obzuliegen." Berichtet doch Schindler, daß er, der ewigen Anfeindungen
müde, wie er sie besonders seit dem Erscheinen seiner C-moll-
Symphonie, als „Neuerer" und „Republikaner", von Seiten seiner Kunstgenossen erdulden mußte, ohnehin zu jener
Zeit mit dem Entschlusse umging, sich einen andern Wohnsitz
zu suchen und eine längere Reise nach Italien zu unter-
nehmen. Seine Freunde freilich waren von dem möglichen
Verluste des Tonmeisters, dem die erste Stelle unter den
Mitlebenden, volle Ebenbürtigkeit mit seinen großen Vorgängern immer zweifelloser zugesprochen werden mußte,
schwer betroffen; sie fühlten, daß sie ihn nicht lassen durf-
ten, dessen Besitz Wien zur höchsten Zierde gereichte.
So vereinigten sich denn drei seiner Gönner: Erzherzog
Rudolph, der seit 1808 Beethoven's Schüler geworden, und
die Fürsten Lobkowitz und Kinsky, „um allein zu thun, was
die Ehre der Kaiserstadt erheischte": sie sicherten ihm, so

lange er keine feste Anstellung im Lande habe, einen Jahr-
gehalt von 4000 Gulden, unter der einzigen Bedingung,
daß er die österreichischen Lande nicht verlasse.

Auf diese Weise blieb er Wien erhalten. Nur erfreute
er sich leider nicht lange des Vollgenusses dieser günstigen
Lebensstellung. Schon 1811, als das österreichische Finanz-
Patent den Werth des Papiergeldes auf ein Fünftel herab-
setzte, ward auch sein Einkommen bis mehr als auf den
vierten Theil reducirt; während später, nach dem Banquerot
des Fürsten Lobkowitz, ihm auch dessen Beitrag verloren
ging. Wiederum, und zwar bis zum Ende seines Lebens,
blieb er auf eignes Erwerben vielfach angewiesen. Der
Strom schöpferischer Kraft aber quoll ihm besonders reichlich in diesen Jahren, und der in seinem Tagebuch ausgesprochene Wunsch: „wenn der Herbst seines Lebens gekommen, einem fruchtbaren Baume gleich zu sein, welcher reiche
Früchte in unsern Schoos herabschüttelt,“ kam zur Erfüllung. Während sein äußeres Leben von keinerlei bedeuten-
derem Ereignisse unterbrochen erscheint, offenbart sich sein
inneres um so ereignißvoller. Wir sehen ihn seit der
Pastoral-Symphonie die Cello-Sonate op. 69, die Trios
op. 70 und 97, die Phantasie für Pianoforte, Chor und
Orchester op. 80, das fünfte Clavierconcert, die Quartette
op. 74 und 95, die Musik zu Egmont, König Stephan und
den Ruinen von Athen, die Claviersonaten op. 78 und 81,
eine große Anzahl von Liedern und vieles andre minder

Wesentliche hervorbringen. Als Werke ersten Ranges und höchster Musterschöpfungen ihrer Art ist hier vor allem des großen B-dur-Trios (op. 97) mit seinem unvergleichlichen Andante und den Variationen, die die ganze zaubergleiche Fülle seiner Kunst empfinden lassen, und des Es-dur-Concertes zu gedenken, dieser Krone aller Concerte, wo das virtuose Element rein und völlig aufgeht in der künstlerisch-poetischen Idee. Mehr noch um ihrer Neuheit und Verwandtschaft mit der neunten Symphonie, als um ihrer jubelnden Frische willen, bedarf auch die erwähnte Phantasie op. 80 — bei deren erster Aufführung Beethoven (1808) selbst die Hauptpartie übernahm und es zu einem glänzenden Umwerfen des Orchesters brachte — besonderer Hervorhebung.

Die erwähnten Quartette schließen sich den Werken gleicher Gattung (op. 59) an, die Beethoven für Graf Rasumowsky schrieb. Wie unter diesen dem in C-dur, gebührt hier dem in F-moll der höchste Preis. Immer geistiger wird die Sprache, die ihr Schöpfer redet. In wunderbarer Polyphonie schlingen sich die Stimmen durcheinander; hier und dort sich zu beinahe orchestraler Wirkung vereinend, an anderer Stelle wiederum wie aus einem Munde redend. Jede geht ihren eigenen selbständigen Gang, jede lebt ihr besonderes Leben und hört doch nie auf die Trägerin eines höheren Gedankens zu sein. Das Technische der Aufgabe verliert der Tondichter mehr und mehr aus dem Sinn über dem geistigen Wesen seiner Kunst.

„Glaubt Er", — so erwidert er dem trefflichen Geiger Schuppanzigh (der sich um die Interpretation seiner Kammermusik-Werke von Anbeginn verdient gemacht), als dieser einen Gang in einem der Quartette als unbequem oder unausführbar bezeichnete, — „glaubt Er, daß ich an eine elende Geige denke, wenn der Geist zu mir spricht, und ich es aufschreibe?"

Auch da, wo er für die menschliche Stimme schreibt, schwindet ihm die Rücksicht auf die ihr gesteckten Grenzen nicht selten aus den Augen. Die Sänger des Fidelio klagten über die Unsangbarkeit ihrer Aufgaben und Cherubini war der Meinung, daß dem Herrscher im Reich der Instrumentalmusik wol ein Cursus in der Gesangskunst nichts schaden könne, und machte ihm daher ein Exemplar der Gesangschule des Pariser Conservatoire zum Geschenk. Auch seine größten Schöpfungen, die Missa solemnis und die neunte Symphonie, erlitten von Seiten der Sänger lebhaften Widerstand und ihre Aufführung scheiterte vielfach an den zu hohen Anforderungen, die sie an dieselben stellen. Keine Spur davon findet sich in seinen Werken für Sologesang. Die Scene Ah perfido, die Gellert'schen Lieder, die Adelaide und viele kleinere Gesänge, unter denen sich besonders die Göthe'schen „Mignon", „Wonne der Wehmuth" und „Neue Liebe, neues Leben" einen weiten Freundeskreis erwarben, lassen an Sanglichkeit nichts zu wünschen übrig. Wie weit Beethoven übrigens auch auf dem

Gebiet des Liedes über den von ihm vorgefundenen Standpunkt hinausschritt, das bekundet schon die vom Anbeginn
als geniale Schöpfung anerkannte Adelaide; das bekundet
mehr noch als alle seine bisher erwähnten Lieder der
Liederkreis „an die entfernte Geliebte": die schönsten Liebes-
sänge, die je gesungen wurden und die zuerst jene dem Charak-
terisirenden zugewandte Bahn eröffneten, auf der Franz
Schubert und mehr noch Robert Schumann weiterschritten.

Das Lied „Neue Liebe, neues Leben" wurde, laut
„Göthe's Briefwechsel mit einem Kinde", für Bettina von
Arnim geschrieben, die im Frühling 1810 mit Beethoven
verkehrte und ihn durch die Originalität ihres Geistes und
Wesens zu fesseln wußte. Natürlich bekennt auch sie,
gleich allen bedeutenderen Frauen, die in seine Nähe
kamen, sich, trotz seiner äußeren Unschönheit, völlig über-
wunden von der Macht dieser überwältigenden Natur.
„Er schreitet weit der Bildung der ganzen Menschheit
voran, und ob wir ihn je einholen? — ich zweifle", so
spricht sie von ihm. Sie veröffentlichte später (1857) drei
Briefe, die ihr Beethoven geschrieben, deren Echtheit jedoch
mehrfach angezweifelt und wol bis heute noch nicht evident
erwiesen ist. Der dritte dieser Briefe erwähnt eines Zu-
sammentreffens mit Göthe, das im August 1812 in Teplitz
herbeigeführt wurde. Die Verehrung, die der Musiker dem
Dichter entgegenbrachte, dessen Egmont er in Musik gesetzt,
und zwar, wie er geäußert: „blos aus Liebe zu seinen Dich-

tungen, die ihn glücklich machten", blieb nur leider ziemlich
einseitiger Natur, und die wahre Größe seines Zeitgenossen
von Jenem unverstanden. „Sein Talent", schreibt er an
Zelter", hat mich in Erstaunen gesetzt, allein es ist leider
eine ganz ungebändigte Persönlichkeit, die zwar gar nicht
Unrecht hat, wenn sie die Welt detestabel findet, aber sie
freilich dadurch weder für sich noch für Andere genuß=
reicher macht."

Sein leidender Gesundheitszustand, der wol haupt=
sächlich durch seine angestrengte Beschäftigung mit der A-dur-
Symphonie verursacht und verschlimmert worden, war die
Veranlassung, die ihn zum Gebrauch der Badecur nach
Teplitz und, auf Geheiß seines Arztes, noch nach Carlsbad
trieb. Auch in Linz, wo sein Bruder Johann inzwischen
seinen Wohnsitz aufgeschlagen, nahm er einen längern
Aufenthalt und brachte daselbst die achte Symphonie zur
Vollendung. Wie trüb und entsagungsvoll seine Stimmung
selbst inmitten der Thätigkeit an jener sonnenhellen Schöpfung,
das bekundet eine Stelle aus seinem Tagebuch. „Du darfst
nicht Mensch sein, für dich nicht, nur für Andre, für
dich giebt's kein Glück mehr als in dir selbst, in deiner
Kunst — o Gott! gieb mir Kraft, mich zu besiegen, mich
darf ja nichts an das Leben fesseln."

Im Mai 1813, als seine Leiden wieder den Gebrauch
einer Cur in Baden bei Wien nöthig machen, schreibt er in
sein Tagebuch: „O Gott, Gott sieh auf den unglücklichen

Beethoven herab, laß es nicht länger so dauern.“ Herbe Klagen erpreßt ihm der verwahrloste Zustand seines Hauswesens, bis eine Freundin, die Gattin des bekannten Pianofortebauers Streicher, es endlich unternimmt, einige Ordnung und Behaglichkeit in dasselbe zu bringen, indem sie ihm, dem auf die Vermittelung Anderer Angewiesenen, wenigstens einen zuverlässigen Diener verschafft. Die zarte Fürsorge und Pflege einer weiblichen Hand gehörte leider zu den Gütern, die ihm versagt blieben, seines heißen Begehrens ungeachtet. Darum berührt uns der Ausbruch seiner Sehnsucht so ergreifend, der sich in seinem Tagebuch findet: „Nur Liebe — ja nur sie vermag dir ein glückliches Leben zu geben! O Gott — laß mich sie, jene endlich finden, die mich in Tugend bestärkt — die erlaubt mein ist!“ Er fand sie nimmer, und tröstet sich an andrer Stelle mit dem Trost der Resignation! „Nur in der idealen Welt findest du Freude“ — „Nichts als Wunden hat die Freundschaft oder ihr ähnliche Gefühle für mich.“

Wol schien es, als ob das Schicksal ihm an Ruhm und äußeren Ehren endlich vergelten wolle, was es ihm im Uebrigen schuldig blieb: denn noch am Ende dieses leidenvollen Jahres 1813 war ihm ein hoher Triumph beschieden. Als nämlich Mälzel, der Erfinder des Metronoms, „zum Besten der in der Schlacht bei Hanau invalid gewordenen österreichischen und bairischen Krieger“ am 8. und 12. December 1813 zwei große Academien im Universitätssaal veranstaltete, da producirte auch Beethoven zwei seiner neuesten Hervorbringungen: die A-dur-Symphonie und das symphonische Orchestergemälde: „Wellington's Sieg, oder die Schlacht bei Vittoria", welches Letztere „einzig für die= sen gemeinnützigen Zweck verfertigt" war. Die vorzüg= lichsten Künstler Wiens, wie Schuppanzigh, Spohr, Mayse= der, Salieri, Siboni, Giuliani, Meyerbeer, Romberg, Hum= mel, Moscheles, vereinigten sich, um, zum Theil in ganz unter= geordneten Partien, unter seiner Leitung mitzuwirken. Die Theilnahme des Publicums war eine außerordentliche und das Resultat ein glänzendes. Die Opposition, die seinen bisherigen symphonischen Arbeiten gegenüber ihr Wesen getrieben, die gänzliche Theilnahmlosigkeit, die den Erfolg der Concerte in G- und Es-dur und des Violinconcerts lähmte, und diese erst spät nach ihrem Werth gewürdigten Meisterschöpfungen zu jahrelangem Vergessensein verbannte: sie verstummte vor diesen neuesten Werken, und die Schlacht bei Vittoria ward für ihn zum glorreichen Sieg über das Heer von Zweiflern und Gegnern, das die Freiheit seiner Schaffensweise um ihn her erzeugt hatte. Selbst für die tiefe Bedeutung der A-dur-Symphonie, der, sammt der Eroica und C-moll, wol der nächste Platz neben der neun= ten gebührt, schien, trotz der harmonischen Kühnheiten des letzten Satzes insbesondere, der Zuhörerschaft das Ver= ständniß aufzugehen. Wenigstens berichtet die Kritik, daß das zart elegische Allegretto „wiederholt werden mußte und Kenner und Nichtkenner entzückte.“

Jenen ersten Aufführungen beider symphonischer Werke mußten bald — schon im Januar und Februar 1814 — Wiederholungen folgen, die einen nur noch gesteigerten Enthusiasmus und Jubelausbrüche hervorriefen, wie man sie bis dahin im Concertsaal noch nicht erlebt haben wollte. Bei dieser Gelegenheit brachte er auch seine achte Symphonie (F-dur) zum ersten Mal zu Gehör, das heiterste seiner derartigen Erzeugnisse, darin er sich, wie uns dünkt, mehr dem reinen beglückenden Dasein im Ton, als einer bestimmten Idee hingegeben. Das reizend graziöse Allegretto scherzando derselben fand seinen ersten Keim in einem Canon, das Beethoven für Mälzel schrieb, denselben Mälzel, der ihn später um das Eigenthumsrecht seiner Schlacht bei Vittoria betrog und ihm damit unsägliches Aergerniß bereitete.

Im April desselben Jahres wirkte er wieder in einem Wohlthätigkeitsconcerte mit. Er spielte mit Schuppanzigh und Linke gemeinsam sein großes B-dur-Trio und wiederholte dies noch einmal bald darauf in einer Matinée im Prater. Das war sein letztes öffentliches Auftreten als Clavierspieler. Sein zunehmendes Gehörübel verbot ihm fortan die öffentliche Ausübung seiner Virtuosität; wiewohl er noch 1819 im Stande war, den Lehrer und Pianisten Carl Czerny, der drei Winter hindurch einen Kreis von

Künstlern und Kunstfreunden zum Vortrag Beethoven'scher
Compositionen um sich versammelte, mit Rath und Anlei-
tung zu unterstützen, und noch im Jahre 1822 in geselligen
Kreisen meisterlich phantasirt haben soll.

Höhere Ehren noch, als seine gesammte Künstlerlauf-
bahn im übrigen aufzuweisen hat, widerfuhren ihm, noch
ehe dies weltgeschichtliche Jahr, das Schindler das „glanz-
vollste in der Lebensgeschichte des Meisters" nennt, zur
Rüste ging. Das bei Gelegenheit des Wiener Con-
gresses, am 29. November von ihm veranstaltete Concert,
vereinigte in den beiden Redoutensälen das glänzendste
Publicum Europas. Nahe an sechstausend Zuhörer, sämmt-
liche Monarchen, die in Wien anwesend und von Beethoven
persönlich eingeladen worden waren, befanden sich gegen-
wärtig. Ihnen widmete er auch die Festcantate: „Der
glorreiche Augenblick", die eigens für diesen Zweck von ihm
componirt und in Verbindung mit der A-dur-Symphonie
und der Schlacht bei Vittoria aufgeführt wurde. Der Erfolg war bedeutend, und wenige Tage darauf schon fand
eine Wiederholung statt. Für die Cantate, deren Werth
den einer Gelegenheitscomposition nicht übersteigt, deren
„barbarischer" Text aber später durch ein Gedicht von Rochlitz: „Preis der Tonkunst" ergänzt ward, ertheilte ihm der
Magistrat das Wiener Ehrenbürgerrecht. Vielfache Aus-
zeichnung auch erwiesen ihm die vornehmen Gäste, die zum
Congreß zusammengeströmt waren; denn Jeder bemühte

sich, ihm seine Huldigung darzubringen. Besonders in den Gesellschaften des russischen Gesandten, seines Gönners, des jetzt gefürsteten Rasumowsky, und beim Erzherzog Rudolph sah er sich den höchsten Häuptern gegenüber und von diesen — namentlich von der russischen Kaiserin — durch die schmeichelhaftesten Ausdrücke ihrer Bewunderung geehrt. Noch später pflegte er gern zu erzählen, wie er sich von all den fürstlichen Personen habe „die Cour machen" lassen.

In grellem Widerspruch zu den ermuthigenden Ereignissen dieses Jahres standen leider schon die Erlebnisse der nächsten Zeit. Im November starb Beethoven's Bruder Carl und sein Testament übertrug ihm die Vormundschaft über seinen hinterlassenen Sohn. So wenig auch er, der in allen Geschäftsdingen Unerfahrene, sich zu solchem Amte eignete, so große Opfer es auch von ihm, dem ganz seiner Kunst Dahingegebenen, forderte, er unterzog sich demselben doch mit Liebe und Gewissenhaftigkeit. Die Mutter des Knaben war, wie Beethoven sagt: „ein schlechtes Weib;" vor ihrem Einflusse galt es, den Sohn zu sichern. Da sie ihn nicht gutwillig lassen wollte, kam es zu einem Proceß, der erst vier Jahre später, und zwar zu Gunsten des Meisters entschieden ward, nachdem er ihm manche Summe Geldes und unzählige Stunden des Verdrusses gekostet. Seine häusliche Einrichtung mußte nun mannigfache Veränderungen erleiden, und an sein nicht überreiches Einkommen wurden verdoppelte Ansprüche gestellt. Das brachte ihn in um so ärgere Bedrängniß, als er mit dem Geld nun einmal nicht umzugehen verstand. „Ich war derweilen", schreibt er im Mai 1819 an Ries, „mit solchen Sorgen behaftet, wie noch mein Leben nicht, und zwar durch übertriebene Wohlthaten gegen andere Menschen."

Im darauffolgenden Jahre passirt es ihm sogar, daß er „vier böse Tage" hindurch mit einigen Bröbchen und einem Glas Bier als Mittagsmahl fürlieb nehmen muß, da ihm die Mittel fehlen, etwas anderes zu genießen. Zwar war er im Besitz eines kleinen Capitals, das er sich zurückgelegt; allein er betrachtete dasselbe als Erbtheil seines Neffen und als solches unangreifbar. Das Componiren aber ging ihm gerade in diesen Tagen langsamer von der Hand. Der Zeitraum von 1814—22 umschließt an Zahl und zumeist auch an Bedeutung ein geringeres Ergebniß, als in vorangegangenen Jahren. Wir nennen als Werthvollstes nur die Sonaten, op. 90, 101, und 106, 109, 110 und 111, die Ouvertüren zur Namensfeier op. 115, und zur Weihe des Hauses op. 124, den elegischen Gesang, Meeresstille und glückliche Fahrt (für Chor und Orchester), die schottischen, irischen und wallisischen Lieder (die er nach Originalmelodien für Thompson in Edinburgh bearbeitete) und den Liederkreis.

Die Sonate op. 101 war die einzige, die bei Lebzeiten des Componisten öffentlich vorgetragen ward. Immer tiefer in sich gekehrt giebt er sich in ihr und den letzten vier Sonaten; immer losgelöster von der Außenwelt. Ihre Stimmen erreichen nicht mehr seinen Sinn, berühren sein Ohr nicht mehr. Er lauscht nur noch nach innen und hält mit seiner Seele Zwiesprache und singt jene tiefsinnigen Dichtungen, die uns das Geheimniß eines höhern Daseins enthüllen. Oder kommt uns im Adagio der B-dur-Sonate, im ersten und dritten Satz der in As-dur nicht eine Vor-empfindung der Verklärungswelt, wie sie die neunte Sym-phonie uns offenbart? Von diesen letzten Schöpfungen des Meisters und mit noch größerem Rechte ließe sich sagen, was Berlioz von der F-dur-Symphonie gemeint: sie sei ohne Vorbild vom Himmel gefallen. Ein Riesenwerk auf dem Gebiet der Claviermusik, wie die letzte Symphonie auf dem der orchestralen Kunst, hat die B-dur-Sonate sowohl wie diese, nimmer ihres Gleichen gefunden. Der eitle Vor-wurf der Form- und Melodielosigkeit, der Willkür und Originalitätsucht hat sich wol auch an diese Werke heran-gewagt, ihren ewigen Werth aber gleichwohl nicht anfechten können. Und wenn es noch in unseren, um ein halbes Jahrhundert fortgeschrittenen Tagen geschehen kann, daß man*) die in Rede stehende Sonate der Extravaganz und mangelnden melodischen Erfindung, der Servilität und mono-tonen Dürftigkeit ꝛc. zeiht, die letzte Sonate in C-moll aber

---

*) Beethoven's Clavier-Sonaten. Bemerkungen eines Un-parteiischen. Berlin 1863.

einfach als „eine Musterkarte mühsam ausgeklügelter Ab-
normitäten" abfertigt, so ist dies nur ein neues Zeugniß
dessen, wie weit er, der sie schuf, vorausgeschritten war auch
der kommenden Generation, und zugleich eine Bestätigung
der alten Wahrheit: daß nur der die wahre Größe begreift,
der sich zu ihr zu erheben vermag.

Herbes Leid brach nach den vorangegangenen Prü-
fungen noch im Jahre 1822 über unsern Meister herein.
Es war nur die Vollendung dessen, was sich seit langem
vorbereitet, und dennoch traf es ihn mit so schwerer Gewalt,
daß er sich, wie Schindler berichtet, nie wieder von diesem
Schlage ganz erholte. Er sollte, so wünschte man, die Aufführung seines nach achtjähriger Pause, als Benefiz der
Wilhelmine Schröder, wiederaufgenommenen Fidelio leiten,
und trotz der Warnungen seiner Freunde erklärte er sich
dazu bereit. Die Erfahrungen bei einem Concert im Uni-
versitätssaale 1819 und bei der jüngst erlebten Eröffnungsfeier
des Josephstädter Theaters — wo Beethoven seine Ouvertüre
„im Händel'schen Style" (op. 124) und ein Festspiel mit der
Musik zu den Ruinen von Athen dirigirte — hatten erwiesen,
daß ihn sein Gehörleiden zur Leitung großer Massen unfähig
machte. Er selber nur täuschte sich noch über den vollen Um-
fang seines Uebels. Die Hauptprobe begann; doch schon
in der ersten Nummer nach der Ouvertüre zeigte es sich,
daß der Dirigent von dem, was auf der Bühne vorging,
nichts hörte. Das Orchester folgte ihm, während die Sän-

ger ihre eigenen Wege gingen. Man brach ab und begann
von neuem. Derselbe Vorfall wiederholte sich, ohne daß
Beethoven die Ursache dessen gewahr geworden wäre. Es
ging nicht weiter, das sahen sie Alle; doch keiner wagte es
dem Meister auszusprechen. Da bat ihn Schindler, der
ihn begleitet hatte, schriftlich, nicht weiter fortzufahren: nun
wußte er Alles. Unaufhaltsam eilte er in seine Wohnung
zurück; dort warf er sich auf das Sopha und bedeckte sein
Angesicht mit beiden Händen. Kein Laut kam über seine
Lippen; aber „die ganze Gestalt war das Bild der tiefsten
Schwermuth und Niedergeschlagenheit.“ Endlich bat er
Schindler, ihn am andern Tag zu seinem Arzt zu begleiten.
Das geschah. Doch geholfen werden konnte ihm nicht mehr:
es war zu spät. Vielleicht wäre das Uebel, das mit einem
Unterleibsleiden zusammenhing, früher zu heben gewesen,
hätte er den Rathschlägen der Aerzte willigeres Gehör ge-
schenkt. So aber dünkte ihn jede Vorschrift, jede Art von
Beschränkung eine lästige Fessel, die er rücksichtslos von sich
warf. So viele Aerzte er auch um Beistand anrief, keiner
vermochte ihn dazu, sich seinen Verfügungen unterzuordnen.
So wurde es schlimmer und schlimmer, bis das Uebel unheil-
bar ward. Er klagte nun nicht mehr; schweigend ertrug er
sein hartes Geschick.

Doch seines Genius reiche Spenden hörten nicht auf,
die Welt zu beglücken. So brachte denn das Jahr 1823
die stille Arbeit schmerzenreicher Jahre, die köstliche Frucht

ernster Selbsteinkehr und Weltentsagung endlich an's Licht:
seine Missa solemnis. Ursprünglich für die Installation
seines Schülers, des Erzherzogs Rudolph, als Erzbischof von
Olmütz bestimmt, begann Beethoven diese seine zweite Messe
im Spätherbst 1818. Schon beim ersten Satze aber wuchs
das Werk zu so mächtigen Verhältnissen an, daß die Vollendung desselben bis zu dem festgestellten Zeitpunkt (März
1820) zweifelhaft und schließlich unmöglich wurde. Weit
über jede äußerliche Rücksichtnahme, über das Bereich des
für die Kirche praktisch Brauchbaren ward er vom Geist
hinausgeführt, um ein Gebäude aufzurichten, wie es seinen
innersten Bedürfnissen und Anschauungen entsprach. Wer
nennt ein Menschenwerk, das mit größerer Freiheit auferbaut ward, das gleicherweise aller irdischen Fesseln spottet?
Himmelweit steht diese zweite Messe über der ersten, die er
für Esterhazy schrieb, über allen gleichartigen Erzeugnissen
früherer Meister — die eine Bach'sche Messe nur ausge-
nommen — dem Geist und der Fassung nach. Mit gigan-
tischer Hand rüttelt der Geist deß, der sie schuf an den
alten, gewohnten Formen. Er dictirt sich selbst sein Gesetz;
mag dasselbe immerhin die Grenzen des Möglichen hin-
sichtlich der Ausführbarkeit berühren. Mit gewaltigerer
Stimme hat wol kein Sterblicher noch zu seinem Gott
geredet und, von der Last unaussprechlichen Leides dar-
niedergebeugt, ihm ein herrlicheres Preislied gesungen.
Jedes einzelne Wort füllt sich ihm mit Geist und Leben,

mit einer Art dramatischer Wahrheit. So fleht er im Staube liegend sein Kyrie eleison und jubelt weltüberwindend sein Gloria. Fest und unerschütterlich ruht sein „Ich glaube!" und wie aus himmlischen Höhen trägt er im Benedictus die frohe Botschaft hernieder. Alles, was von Frömmigkeit und Andacht, von Glaube, Liebe und Hoffnung in ihm war, das legte er in diesem seinem Glaubensbekenntniß nieder. Nicht vom Standpunkte des Katholiken, des streng confessionellen Christen aus: das war er nicht. Galten ihm doch die Inschriften eines ägyptischen Tempels, die er eigenhändig abgeschrieben, unter Glas und Rahmen auf seinem Schreibtisch verwahrte, als Inbegriff reinster Religion: „Ich bin, was da ist." „Ich bin Alles, was ist, was war und was sein wird, kein sterblicher Mensch hat meinen Schleier aufgehoben." „Er ist einzig von ihm selbst, und diesem Einzigen sind alle Dinge ihr Dasein schuldig." Der Idee der zu einer Gemeinde verbrüderten Menschheit vielmehr giebt diese Messe Ausdruck. In diesem Sinne ist sie dem Werk verwandt, was der Meister nächst ihr geschaffen: der Symphonie mit Schlußchor über Schiller's Ode „an die Freude" nur faßt diese weltlich, was jene kirchlich ausspricht..

Höchste, göttliche Begeisterung nur vermochte diesen beiden Werken den Ursprung zu geben. In der That erzählt uns Schindler, daß er den Meister niemals vor und nach jener Zeit in einem ähnlichen Zustande geistiger

Aufgeregtheit und völliger Erden-Entrücktheit gesehen habe, als während der Beschäftigung mit dieser Messe. Beispielsweise erwähnt er eines Vorfalls in Mödling, wo Beethoven im Sommer 1819 seinen Aufenthalt genommen, wie folgt: „In einem der Wohnzimmer bei verschlossener Thür hörten wir den Meister über der Fuge zum Credo „Et vitam venturi" singen, heulen, stampfen. Nachdem wir dieser nahezu schauerlichen Scene lange schon zugehorcht und uns eben entfernen wollten, öffnete sich die Thür und Beethoven stand vor uns mit verstörten Gesichtszügen, die Beängstigung einflößen konnten. Er sah aus, als habe er soeben einen Kampf auf Tod und Leben mit der ganzen Schaar der Contrapunctisten, seinen immerwährenden Widersachern, bestanden. Seine ersten Aeußerungen waren confus" u. s. w.... „Niemals wohl", fügt er hinzu, „dürfte ein so großes Kunstwerk unter widerwärtigeren Lebensverhältnissen entstanden sein, als diese Missa solemnis!" So ward dies Werk zum Triumph über die Noth des Lebens in der Hingebung an den „Allmächtigen, Ewigen, Unendlichen", zu dessen Ehre zu schaffen ihn innerster Beruf getrieben.

Doch er that sich selbst nicht genug mit diesem einen Siege; nicht allein in der Hingabe an den Höchsten, sondern auch in der Liebe zur Menschheit, zu den Brüdern, wollte er das Schicksal überwinden. Das sagt die neunte Symphonie. Sie ist der eigenthümlichste Ausdruck seiner

Individualität, das Resultat eines leidensvollen Lebens, in unabläſſigem Ringen nach dem Edelſten, Höchſten hingebracht: ſie iſt ſelbſt ein Erlebniß. Den Kampf mit den Schickſalsmächten, den nicht eigene Kraft, nicht Humor, noch fromme Ergebung zu beſiegen vermag, überwindet die Liebe, die ſich ſelbſt verliert, beſeligt in der Menſchheit heiliger Verbrüderung.

Die äußere Geſtalt des coloſſalen Werkes ſchon überragt alle übrigen ſymphoniſchen Schöpfungen des Künſtlers: er hatte recht, wenn er ſagte, daß er etwas ganz Anderes, Neues ſchaffen werde. Die ganze Anlage iſt großartiger, die Polyphonie entwickelter; der Wunder der Inſtrumentation, der rhythmiſchen und harmoniſchen Kühnheiten finden ſich mehr denn ſonſt. Und wer will die Fülle himmliſchen Geſanges im Adagio ſchildern, dieſer Glorie der Inſtrumentalmuſik? Der Schwerpunkt des Ganzen aber liegt in der Combination des Inſtrumentalen mit dem Vocalen, in der Herzuziehung der Menſchenſtimme und der damit erzielten überwältigenden Steigerung im Schlußſatz. Was er uns hier gegeben iſt unerreicht geblieben und bleibt es wol auch. Ob er ſelber in jener zehnten Symphonie, die er bereits zu ſkizziren begann, darüber noch hinausgeſchritten wäre, ob dies überhaupt möglich — wer ſagt es?

Die beiden Werke wurden beendigt, während Wien in den Banden des Schwans von Peſaro und ſeiner opera italiana lag. Im Wonnetaumel über Rossini's holde Melodien vergaß man Beethoven's und seiner ernsten Gedanken. Da wandte sich im Februar 1824 eine Anzahl seiner Verehrer an ihn mit der Bitte, seine jüngsten Schöpfungen nicht länger der Oeffentlichkeit vorzuenthalten. Eine große Academie im Kärthnerthortheater, deren Programm aus der letzten Ouvertüre, dem Kyrie, Credo, Agnus und Dona aus der Missa solemnis (unter dem Titel: Drei große Hymnen) und der neuen Symphonie bestand, war das endliche Resultat dieses Gesuchs. Der Meister selbst nahm an der Leitung des Ganzen Theil, wiewohl er dieselbe natürlich nicht selbständig mehr übernehmen konnte.

Groß war der künstlerische Erfolg dieses Abends, der Neuheit der dargebotenen Werke ungeachtet. Nur blieben leider die Jubelausbrüche der begeisterten Menge dem Ohre dessen unvernehmbar, der sie hervorgerufen, und die Sängerin Unger mußte ihm ein Zeichen geben, damit er die Theilnahme desselben wenigstens sah. Dagegen blieb das materielle Ergebniß hinter den Erwartungen Beethoven's zurück und ein zweites Concert zeigte ein noch ungünstigeres Resultat. Wie sehr aber hätte er gerade damals eines besseren bedurft! Von drückender Schuldenlast umgeben, mit der Sorge für den Neffen beschwert, wußte er kaum aus noch ein. Auch die Hoffnung, durch seine Missa solemnis eine ansehnlichere Einnahme zu erzielen, erfüllte sich nicht, und von allen Höfen Europa's, die er zur Subscription auf „sein gelungenstes Werk" eingeladen, hatten sich nur fünf dazu bereit gefunden. Zwar boten sich ihm mannigfache Anträge, die seine Lage wol zu verbessern im Stande gewesen wären, wie die Composition eines Oratoriums für die Gesellschaft der Musikfreunde in Wien, und ein Gleiches für die philharmonische Gesellschaft in Boston; auch die Composition einer Messe für den Kaiser wurde angeregt; Opernpläne tauchten wieder auf, und das alte, von Ries schon gepflegte Lieblings-Projekt einer Reise nach England erhielt durch eine Einladung der philharmonischen Gesellschaft in London neue Nahrung. Aber auch diese letzte lucrative Aussicht, die all seinen Nöthen mit einem Male ein Ende zu machen versprach, blieb unverwirklicht, aus Rücksicht für den Neffen, den Beethoven gerade zu dieser Zeit nicht verlassen zu dürfen meinte. Und ebenso seine eigenen Ideen einer zehnten Symphonie und einer Musik zum Faust, der ihm als „höchstes" galt, sie kamen nimmer zur Ausführung.

Schon 1822 hatte er zu Rochlitz, der ihn besuchte, geäußert: „Seit einiger Zeit bring' ich mich nicht mehr leicht zum Schreiben. Ich sitze und sinne und sinne; ich hab's lange, aber es will nicht auf's Papier. Es grauet mir vor'm Anfang so großer Werke." So fehlt ihm selbst Muth und Kraft zu kleineren Werken, wie er doch noch unlängst die genialen 33 Variationen über einen Diabellischen Walzer (op. 120) veröffentlicht hatte: dies neue

eclatante Zeugniß des Reichthums, der ihm an verändern=
der Kraft zu Gebote stand.

Nur eine Aufgabe noch vermochte ihm Theilnahme
und Thätigkeit abzugewinnen: eine Reihe von Quartett=
Compositionen, die er für den russischen Fürsten Galitzin
liefern sollte. Ihr widmete er seine Kräfte in den Jahren
1824—26, und so entstanden denn jene wunderbaren fünf
letzten Quartettdichtungen, mit denen der große Mei=
ster sein Tagewerk beschloß.

Schwerer noch als die zweite Messe und die neunte
Symphonie haben sie den Weg zum allgemeinen Verständ=
niß gefunden, und hartnäckiger als um diese ist der Kampf
für und wider sie durchfochten worden. Und dennoch
stehen sie den andern nicht fremd gegenüber, und wahrlich
nicht unwürdig reihen sie sich ihnen an. Des strahlenden
Glanzes freilich, der überwältigenden Macht jener erhaben=
sten Werke entbehren sie, sie führen uns in eine stille ein=
same Welt düstrer Gedanken und Phantasien ein. Nichts
von der Plastik der Darstellung, die den früheren Ergüssen
ihres Schöpfers eignet, lassen sie gewahren, mehr angedeu=
tete als klar erkennbar ausgeführte Bilder, mehr Ahnung
als faßbare Vorstellungen, mehr Träume als ausgeprägte
Gedanken; Träume eines Riesengeistes freilich. Dazwischen
Züge entschlossener Kraft und tiefsinnigen Gefühls, ein
leises Echo verklungenen Humors. Es fallen auch Son=
nenstrahlen mitunter und hellere Lichter; aber den Grund=

ton bildet doch die dunkle Stimmung. Der Dichter, der solches schuf, schaut in sich selbst hinein. Wollen wir uns wundern, daß der Reflex dieses Spiegels so dunkel?

Wol spielt auch die Außenwelt mit ihren wechselnden Bildern in diese Quartette hinein und macht, daß unbestimmte Empfindungen sich zu bestimmten Vorstellungen verdichten, wie sich hier und dort ausdrücklich durch Worte bezeichnet findet. So im A-moll-Quartett (op. 132), das er nach schwerer Krankheit schrieb: „Canzona di ringraziamento in modo lidico, offerta alla divinità da un guarito," und in dem in F-dur (op. 135): „der schwergefaßte Entschluß", wo man das „Muß es sein?" — „Es muß sein!" mit der Deutlichkeit der Wortsprache zu vernehmen glaubt. Gleicherweise sind wol auch die übrigen Quartette, besonders das Cis-moll und B-dur (ursprünglich mit der Fuge, die dann als op. 133 separat erschien) nicht ohne Bezüge zum äußeren Leben geblieben, so sehr uns jeder sichtbare Nachweis darüber mangelt.

Nicht das Tieftragische der Grundstimmung, nicht die grübelnde, träumerische Weise die Gedanken zu spinnen, auch nicht wol das als Programmmusik verpönte Anlehnen an bestimmt ausgesprochene äußere Momente: mehr noch die vollkommene Freiheit ihres Aufbaus hat diesen Werken so vielfältige Anwendung eingetragen. Wahr ist's, die Hand des Componisten hat über der gewohnten Ordnung, der üblichen Architectonik der Instrumentalform mit souveräner

Eigenmächtigkeit geschaltet, und in dem von Alters her geltenden Maß keine Schranke erblickt für den Reichthum seines Empfindens. Auch der Vorwurf harmonischer Härten, wie sie sich durch eine gewisse Rücksichtslosigkeit in selbständiger Führung der Stimmen ergeben, ist kein müßiger. Kann aber das geläufige Motiv des „Gehörmangels," das von Fêtis und Oulibichef und vielen Andern in Anwendung gezogen und nebst manchem andern „Regelwidrigen" dafür verantwortlich gemacht worden ist, vor dem Urtheil des Tieferblickenden bestehen?

Es ist das charakteristische Wahrzeichen der letzten Entwickelungsstufe Beethoven's, daß er die Idee ausbreitet über die Form, sie ihr überordnet, statt, wie bisher geschehen, Beide einander bei- oder nebenzuordnen. Jene wird die Bestimmende, diese die Bestimmte. Das ist der geistige Standpunkt, den er seiner Kunst gewonnen. Mit ihm ging das Andere Hand in Hand, daß er Musik und Leben in ein bezügliches Verhältniß gebracht und die Wirklichkeit in ihren Kreis aufgenommen, daß er der instrumentalen Kunst das Gebiet des Gedankens erobert. Die Vergeistigung der Musik war sein Beruf: ihm auf seinen Bahnen zu folgen, bleibt der unsere.

Die letzten Lebensjahre des Meisters flossen trüb und traurig dahin. Schwere Kränkung brachten sie ihm gerade von Seiten dessen, für den er so treue Sorge getragen, so viele Opfer gebracht: von seinem Neffen. Nachdem derselbe

nämlich bis dahin einer Erziehungsanstalt anvertraut ge=
wesen war, kehrte er, siebzehn Jahre alt, zu seinem Oheim
zurück und bezog die Universität, um sich dem Studium der
Philologie zu ergeben.

Kaum aber ward er der neugewonnenen Freiheit
froh, als er auf Abwege gerieth. Trotz des Verbotes des
Onkels nahm er den Verkehr mit seiner unglücklichen Mut=
ter wieder auf und vernachläſſigte seine Studien dergestalt,
daß dies in Verbindung mit anderweitigen Verirrungen
seine Entlaſſung von der Universität herbeiführte. Die
liebevollen Ermahnungen Beethoven's, der auf den talent=
vollen Jüngling die schönsten Hoffnungen setzte und mit
inniger Liebe an ihm hing, fruchteten zu nichts; der ergrei=
fende Inhalt der (noch erhaltenen) Briefe, die er während
seines Sommeraufenthaltes in Baden an ihn geschrieben,
ging spurlos an ihm vorüber. Auf seinen Wunsch brachte
ihn der Oheim indeſſen im polytechnischen Institut unter.
Aber auch hier versäumte er seine Pflichten und kam im
August 1826 dahin, durch Selbstmord sein Leben enden
zu wollen. Er ward von Obrigkeitswegen in Gewahrsam
gebracht, behufs „religiöser Erziehung," wie die Landes=
gesetze vorschrieben. Zwar übergab man ihn gegen Ende
October wieder der Obhut seines Pflegevaters, doch mit
dem ausdrücklichen Bedeuten, ihn nicht länger denn vier=
undzwanzig Stunden in Wien zu belaſſen.

So sah sich Beethoven genöthigt, mit dem ungerathe=

nen Neffen gemeinsam auf dem Landgut seines Bruders, in Gneixendorf, eine Zuflucht zu suchen, indessen Stephan von Breuning es übernahm, für Letzteren, der sich nun der militärischen Carrière zuwenden wollte, ein Unterkommen zu finden. Die Ungunst der Jahreszeit und die „unglaubliche Rücksichtslosigkeit," die er von seinem Bruder erdulden mußte, zwang ihn jedoch zur Rückkehr nach Wien. Er mußte die Reise im offenen Wagen zurücklegen, da sein Bruder sich weigerte, ihm seinen geschlossenen Wagen anzuvertrauen.

An einer Lungenentzündung erkrankt, langte er in Begleitung seines Neffen am 2. December daheim an. Zwei Aerzte, die man herbeirief, versagten, da sie den Eigenwillen des Kranken kannten, ihren Beistand. So erhielt der Neffe den Auftrag, bei einem dritten Hülfe zu suchen. Er zog es vor, sich beim Billardspiel zu unterhalten und die Sorge für den Arzt einem Kellner zu überlassen. Dieser vergaß es jedoch. Erst als er mehrere Tage später selbst erkrankte und in die Klinik geschafft wurde, erinnerte er sich des empfangenen Auftrags und theilte ihn dem Arzte mit, der sofort zu dem verlassenen Meister eilte. Er kam zu spät. Die vernachlässigte Krankheit war inzwischen in Wassersucht übergegangen.

Wiederholte Operationen wurden nöthig, und auch ein zweiter Arzt, den seine Freunde herbeigezogen, vermochte wol Linderung, aber keine Heilung zu bringen. Er selbst verlor nicht die Hoffnung und zeigte sich guten Muthes, ja er begann selbst wieder sich mit Composition zu beschäftigen. Nur die Sorge für den undankbaren Neffen, der inzwischen als Cadett in ein Regiment in Mähren eingetreten war, ließ ihn auch jetzt nicht ruhen. Er befürchtete, daß wenn er selbst nichts mehr verdiene, dieser gleichzeitig mit ihm dem Mangel preisgegeben sein würde, und so entschloß er sich endlich, wenn auch nach langem Bedenken, den ihm befreundeten Moscheles um seine Vermittelung, bezüglich einer Unterstützung der philharmonischen Gesellschaft in London zu ersuchen.

Wirklich empfing er alsbald 100 Pfund Sterling und die Versicherung, daß man zu weiteren Diensten gern bereit sei. Er diktirte am 18. März 1827, am Tage nach Empfang dieser Sendung, noch einen Dankesbrief, darin er die Hoffnung aussprach, „den edelmüthigen Engländern beweisen zu können, wie sehr er ihre Theilnahme an seinem traurigen Schicksal zu würdigen wisse."

Jene Hoffnung aber sollte sich nicht erfüllen und dieser Brief blieb sein letzter. Nun fühlte er selbst sein nahes Ende und sah mit Seelenruhe dem Tod in's Angesicht. Er gab seinen letzten Willen kund und setzte seinen Neffen zu seinem Universalerben ein. Am Morgen des 24. März empfing er auf sein Begehren die heiligen Sterbesacramente. „Plaudite amici, comoedia finita est!" rief er den Freunden zu, die sein Lager umstanden. Dann begann der furchtbare Todeskampf. Er währte lange; erst in der sechsten Abendstunde des 26. März hatte er vollendet. Unter Sturm und Gewitter schied seine große Seele.

Anselm Hüttenbrenner, ein Musiker und Verehrer des Meisters, der, um ihn noch einmal zu sehen, aus Gratz herbeigeeilt war, drückte ihm die Augen zu; während Breuning und Schindler, die ihm treulich zur Seite gestanden, ihn eben verlassen hatten, um für seine Ruhestätte Sorge zu tragen. Sie ward ihm auf dem Währinger Friedhof bereitet, und unermeßliche Theilnahme gab ihm am Nachmittag des 29. März dahin das Geleite. Man wußte ja, daß man Unermeßliches in ihm verloren, dessen Gedächtniß man in Trauerklängen feierte.

Die Dankbarkeit hat sein Grab mit einem Denkstein geschmückt und dafür gesorgt, daß die Erinnerung an ihn auch in dem bescheidenen Heiligenstadt lebendig bleibe, wo ihm der Genius vor allem hold gewesen. Und in Bonn am Rhein erhebt sich ein stattlich Denkmal, und mahnt an den Meister der Meister, dessen Besitz unser höchster Stolz.

Jetzt aber nach hundert Jahren feiert das deutsche Volk sein Gedächtniß, als eins seiner herrlichsten Feste. Wol sind mitten in die Vorbereitungen zu seiner Feier die Donner des Kriegs hinein gefallen und haben die friedliche Arbeit unterbrochen: doch soll's uns nicht reuen. Mit dem Geburtsfest des erlauchtesten Fürsten im Reiche der Tonkunst fällt nun das Fest der nationalen Wiedergeburt unsres Vaterlandes zusammen. Auch der Strom, an dem er geboren, durchfluthet nicht mehr fränkisches Gebiet, er ist deutscher denn je geworden. So feiern wir ihn, den Unsterblichen, der zum Sieg erst durch Kampf gelangte wie selten Einer, und der ein Freiheitsverkündiger war in Werken und Worten. Ja: „Freiheit, weitergehen ist in der Kunstwelt, wie in der ganzen großen Schöpfung Zweck!"